JN269629

# ザ・ミッション

# 人生の目的の見つけ方

Dr. John F. Demartini

ダイヤモンド社

INSPIRED DESTINY

by Dr. John F. Demartini

Copyright © 2010 by John F. Demartini
All rights reserved.

English language publication 2010 by Hay House Inc., USA
Japanese translation rights arranged with Hay House UK Ltd, London
through Tuttle-Mori Agency, Inc., Tokyo

Tune into Hay House broadcasting at: www.hayhouseradio.com

# はじめに

あなたが今、手にしているこの本は、私が南アフリカで実施している研修プログラムから生まれたものです。その研修は、人生の目的を見出し、困難を乗り越え、進むべき道を見つけていくためのもので、若い方のための1日研修ですが、今回の出版にあたりそれをもとにもっと幅広い世代の方々にも役立つように書き下ろしました。実際の生活の中で使える具体的な方法が満載の本に仕上がったことを、とてもうれしく思っています。

もしあなたが、自分の人生により大きな意義と目的を見出したいと思っているなら、ぜひこの本を読んでみてください。若い方はもちろん、いつまでも心の中に若さと情熱を持ち続けている、あらゆる世代の方にぴったりの本です。

**人生の目的に気づき、進むべき道を知るための力強い道標《みちしるべ》となることでしょう。**

## 第1部　人生の目的＝ミッションを知る

はじめに、ふだんの行動を包括的に見て、自分にとって何が本当に大切なのかを理解しましょう。ここでは、しっかり自分の価値観の優先順位を確認して、人生のミッションを見つけていきます。

**第2部　人生のスキルを磨く**

ミッションを成し遂げるために、何に力を注いでいけばいいかをしっかりと見ていきましょう。周りの人に自分の望んでいることを効果的に伝える方法や新しいお金に対する考え方を学びます。また進むべき道を歩こうとするあなたの前に立ちはだかる感情に、どうやって対処し、乗り越えて、ミッションを実現していけばいいかをお伝えします。

**第3部　自分の人生を創造する**

人生への深い知恵を持つことで、意義のある豊かな毎日を送ることができるようになります。起こるものごとには常に2つの側面があることを知り、自分の中のヒーロー性に気づき、困難を乗り越えるための考え方などを身につけることで、充実した日々を送ることができるのです。しっかりとした人生の総合計画を立てていきましょう。

**第4部　リーダーとしての資質に目覚める**

ここでは、高い視点でものごとを見ることにより、自分本来の力に気づくことができます。

リーダーとフォロワーの違いやリーダーシップに大切な5つの「S」、自分の影響力について知ることで、自分の好きなことをして、人々に模範を示していく方法も学んでいきます。

本書には、全体を通して効果的なワークを用意しています。怖れと障害に立ち向かい、人生の目的を明確にするためのワークです。さらに、それぞれの章の最後には、「まとめ」と「アファメーション」（宣言文）を用意しました。その章で読んできたことを理解し、その学びを自分の人生に取り入れることを宣言するためのものです。

あなたはすばらしい人生を送るのにふさわしい人です。**この本を読めば、自分本来の道がわかり、好きなことを仕事にして、大いなるリーダーシップを発揮していけるようになります。**まずは、おめでとうと言わせてください。

あなたはこの本を手に取ることで、人生の目的に近づくことができました。論理力を働かせると同時に、どうかあなたの直感に従ってください。

すばらしい人生は、もうあなたのものです。

## ザ・ミッション　人生の目的の見つけ方◉目次

第4章　価値観が自分の人生を決める……62



# 第2部　人生のスキルを磨く　77

第5章　コミュニケーションの達人になる……78

第1部

# 人生の目的
# ＝ミッションを知る

*Discover your mission in life.*

# 第1章　あなたの人生には大きな目的がある

「人生の意味とは、意味を人生に与えていくことだ」
ケン・ハジンズ

世界中の多くの人が、この世に生まれた理由を知りたいと思っています。自分に与えられた時間をどう使っていけばいいのかを見つけたいと考えているのです。あなたもその1人かもしれません。

「私はこれからの人生で何をなすべきだろうか」
「私の人生の目的とは何だろうか」

やりたいことを見つけるのは確かに大変なことですが、そういう思いがあるからこそ、有意義な人生を送ることができるのです。また、人生の目的が決まっていたとしても、その夢を叶えるまでには多くの困難に出くわすかもしれません。しかしそんな困難に立ち向かうからこそ、自分自身のことをはっきりと理解でき、自分にどんな可能性が秘められているかがわかります。そんな経験は、あなたに本来の道を教えてくれるのです。

確かに、時に人生はつらいものです。歴史に名を残した人々は、信じられないような困難に直面しながらも、偉業を達成しています。天才物理学者のアルベルト・アインシュタインは、数学が苦手でした。高校生のときに、バスケットボールチームに最初は入れてもらえなかったマイケル・ジョーダンは、後にバスケットボールの概念を変えてしまうような活躍をしました。エイブラハム・リンカーンは、貧困家庭に生まれ、幼いときに母親を亡くし、数々の困難にみまわれながらも、人々に敬愛されるアメリカ合衆国大統領になりました。一見すると、とても乗り越えられそうにない困難に遭遇しながらも、偉業を成し遂げた人物が、この世界には何百万人もいるのです。

その人たちは、どうしてそれができたのでしょうか。**彼らは自分で手に入れたものと、自分に与えられたものを使って夢を追い続けたからです。そして、それはあなたにもできることなのです。**

心の奥底では、あなたはもうすでに答えを知っているのです。人生で本当にやりたいことは何なのか、世の中にどういうふうに影響を与えていけばいいのかを知っています。経験を重ねるごとに、人生の目的は明らかになっていき、それは確信へと変わっていくでしょう。あなたが大切だと思うことに、あなたの人生の意義が隠れていて、あなたが価値を感じるものの中から、豊かな人生が創られていくのです。

ここで、私がいかにして人生の目的を見出したかという体験談を紹介させてください。その経験こそが人生につまずいたり、障害を持っていたり、さまざまな制約を抱えたりしていても、自分自身に与えられた運命を見出せるという実例だからです。

## 学習障害だと診断された小学生時代

７歳のとき私は、小学校の担任の先生から「この子は、読むことや書くこと、さらに人と上手にコミュニケーションをとることは一生できないだろう」と言われました。「学習障害のあるこの子が、人生で成功することは難しい」と。それでも私は、授業や教科書のわからないところはクラスの優等生に聞いたりしながら、なんとか小学校時代を乗り切ることができました。この時点で私はすでに、先生の過酷な予想を覆そうとチャレンジしていたのです。

その後、私たち家族はテキサス州の大都市ヒューストンから、隣の家が１キロ以上も離れているような小さな田舎町に引っ越しました。この地域の住民の社会的、経済的地位は低く、文化と教育のレベルも高くありませんでした。新しい学校には乱暴な生徒が多く、私は転校初日に殴られて目の周りにアザまでつくるという始末でした。当然、質問に答え、勉強を教えてくれるような優秀な生徒は見当たらず、私はすぐに落第点を取るようになりました。

両親と担任の先生は、学習障害を持つ私が勉学でうまくやっていくのは難しいと判断し、スポーツに力を注ぐことを勧めてくれました。以前から私は、プロ野球選手になりたいと思っていたのですが、引っ越してすぐに意欲を失っていきました。ピッチャーとして試合に勝つと、仲間を引き連れた対戦相手に襲われるようになったからです。私は結局、野球をやめることにしました。

その当時、私にはもうひとつ夢がありました。それはビッグウェーブを乗りこなすサーファーになることでした。両親の同意を得て、14歳で学校を辞めた私は、ヒッチハイクでカリフォルニアまで行き、その後ハワイへと渡って夢を叶える決意をしたのです。浮浪者として逮捕されないように、父は13ドル以上の現金を常に持っておくようにと私に言い、母は、私が家出少年ではないという証明書を持たせてくれました。

両親は州間高速道路10号線の脇で私を降ろし、こう言いました。

「さあ、自分の夢を生きなさい。もう今までのように、自分以外の誰かになろうと苦しまなくていいんだよ」

自分の親ながらあっぱれでした。学業では見込みのない10代半ばにもならない息子を、ヒッチハイクで州外へ送り出し、サーファーになる夢を叶えさせようというのですから。年齢のわりに大人びていた私を、両親は自己責任をもっと持たせることで成長させようとしたのです。

## 愛のための知恵と、知恵に対する愛

カリフォルニアに向かう旅の中間地点、エル・パソの町に着いたときのことでした。1人の男性が私の横を歩きながら話しかけてきたのです。

「家出かい？」

「違います。親から許可をもらっています」

話しかけてきた男性こそ、もう何年も前に家を出て、住むところをなくしているホームレスのように見えました。さらにその男性は、カリフォルニアに行くのかと聞くので、私はそうだと答え、その理由を説明しました。すると男性は、通りの角にある小さな店へ私を連れて行き、コカ・コーラをご馳走してくれました。私がコーラを飲み終えると、男性はじっと私を見つめて言いました。

「君に教えたいことが2つある。決して忘れないと約束してくれ」

約束すると答えると、男性は町の中心街近くにあるエル・パソ図書館へ私を連れていきました。そして座るように言うと、本を探すために書棚のほうへ消えていきました。しばらくして戻ってきた男性は、テーブルの上に2冊の本を置いたのです。

「まず、1つ目。表紙を見て、本の中身を判断してはいけない。つまり、外見で判断するな、ということだ。だまされるぞ」

「はい、わかりました」

そう答えながらも、そんなことならもう知っていると私は心の中で思っていました。

「君は私のことを、人生の落伍者だと思っているよね」

図星でした。無精ひげを生やし、よれよれの服を着た男性はどこから見ても人生の落伍者そのものでした。

「いいかい、実は、私は世界でも指折りの大金持ちなんだよ。お金で買えるものは何でも持っている。船、飛行機、車、家……。なんでもだ。だが、1年前、とても大切な人を亡くした。そして、自分もこの世界を去るのはそう遠くないだろうと思った。いかに自分が恵まれてきたかと感謝しながらも、唯一手に入れていないものに気がついた。それは『何も持たないという経験』だ。そこで私は、1年間の休暇をとり、アメリカを横断しながら、『何も持たない』とはどういう状態かを経験することにしたんだ。もう一度言う。決して外見で判断するんじゃないぞ」

そう言うと男性は、私の右手を取って、テーブルに置いた2冊の本の上に載せました。プラトンとアリストテレスの本でした。

「2つ目。本を読みなさい。この世界には絶対に失われないものが2つある。それは愛と知恵だ。お金や家族を奪われることはあるが、君の中にある愛と知恵は誰にも奪うことはできない。だから君は本を読んで、『愛のための知恵』と、『知恵に対する愛』を手に入れるのだ。それを忘れるな」

当時の私には、この出会いが持つ本当の意義はまだ理解できていませんでした。しかし、私は現在、この男性が心を込めて教えてくれたことに自分の人生を捧げています。それは、「愛のための知恵」と「知恵に対する愛」です。

## 命を落としそうになる経験

なんとかカリフォルニアに着いた私は、生きるために物乞いを始めました。レストランで客の食べ残しをもらったり、暖を取るためにビルの排気口の近くで寝泊まりしたり……ホームレスの10代の少年ができるあらゆることをしたのです。1960年から70年の初めにかけてのことでした。そして、お金が貯まるとすぐにカリフォルニアからハワイに向かう飛行機のチケットを買ったのです。

オアフ島のノースショアに着くと、さっそくサーフィン三昧の毎日が始まりました。当時の私は、１日中波乗りをし、幻覚を起こす野生のハーブやキノコを食べて過ごしていました。

ハレイワ付近のジャングルにテントを張って住み、数カ月が過ぎた頃、私の体が突然ケイレンし始めました。植物の種に含まれている成分でストリキニーネ中毒になってしまったのです。しかし、指やつま先が動かなくなるのは、日に11時間もサーフィンをしているせいだと思い込んでいました。バナナを食べ、グレープフルーツジュースを飲んで、カリウムがケイレンを解消してくれるのではないかと期待していましたが、いっこうに治る気配はありません。そして、ついにある日、９メートルのビッグウェーブに乗っているとき、突然右半身がケイレンを起こし、呼吸ができなくなったのです。

私は海に沈みそうになりながらも、懸命に水面まで上がり、息を吸いました。必死の思いで岸にたどり着いたときには、体中切り傷だらけで、サーフボードもすっかりダメになっていました。なぜか無性にバターミルク（バターを作った後にできる飲料）が飲みたくなり、よろよろと歩きながら近くのスーパーマーケットへ向かいました。それまで一度も飲んだことのないバターミルクを飲み、駐車場まで歩いたところで、私は記憶を失ったのです。

今でも、駐車場からテントまでどうやって戻ったのか思い出せません。

それからの３日半、私は意識が朦朧《もうろう》としたままテントの中で倒れていました。脱水症状に陥り、まさに死にかけていたのです。そのとき、幸運にもジャングルの中を散歩していた女性がうめき声を上げている私を発見し、面倒を見てくれました。さらに彼女は、私を健康食品の店に連れて行き、キャロットジュースを飲ませてくれました。そんな私を見た店内にいた体の大きな男性が、こう言いました。

「ヨガをやりなよ。体、ボロボロじゃないか」

その日から数日後、再びその店を訪れたとき、ドアにヨガの案内が貼ってあることに気づきました。

私は、「ヨガ」という文字を見て、直感的に参加しようと決めたのです。

## 人生の目的を見つけた出来事

35人ほどのセミナー参加者が木の床に座っている中、ヨガのインストラクターがスペシャルゲストのポール・Ｃ・ブラッグを紹介しました。そこに現れた白髪の賢人は、アメリカで健康食品の専門店を創設し、世界の健康食品業界に大きな影響を与えているという伝説の人物でした。10代の頃、命を落としそうになったという彼は、15歳のときから長寿と人間の可能性を追求し続け、今や１００歳まで生きることを目指していると話しました。

ポールには卓越した知性とカリスマ性があり、参加者たちは彼の話に聞き入っていました。

「人はみな、体、心、魂があります。体が心に導かれ、心が魂に導かれることで、最大限の可能性を引き出すことができます。誰もが心の奥底で、何かすばらしいことをやり遂げたいと望んでいます。深い意義を感じ、人の心を動かし、真のリーダーシップを発揮したいのです」

彼の話は、私にとってすべてが新鮮でした。彼はこれまでに出会った誰よりも精力的で、存在感と集中力があり、自分がしていることを愛していました。

ポールは45分ほど話をしたあと、今夜は特別な夜だと言いました。

「何に人生を捧げたいかを見つけるための時間を、今から10分とりましょう。このワークを通して決めたことは、これからのみなさんの人生の目的となるでしょう」

18歳にもなっていない少年にとって、それはかなり重いテーマでした。それまで私は、生涯オアフ島のノースショアでサーフィンをやって暮らしていくだろうし、追い出されるまでテントに住み続けようと思っていたのですから。それが私の叶えたい夢だと思っていたのです。

しかし、そのとき私の中で何かが起こりました。ポールの高いエネルギーを受けながら、床に座った状態で自分の人生を振り返ったとき、新たな可能性が目の前に広がっていくように感じたのです。まず、幼いときの私が見えました。足が変形して生まれた私は、矯正《きょうせい》ギプスをつけています。小学1年生になった私には学習障害があり、将来の見込みはないと言われています。その後、ヒッチハイクの旅の途中、エル・パソで出会った「ホームレス」の男性から「愛と知恵」について教えを受けています。さらにテントの中で死にかけている私……。そして今、ポール・ブラッグを見上げている私。彼は世界中の人々に影響を与え、人生の目的を実現させるスピリチュアル・リーダーなのです。

「ああ、僕もポールのようになりたい！」

私はその場で、ポール・ブラッグに師事して、体、心、魂における宇宙の法則を学ぼうと決めました。

「僕は教育者になり、ヒーラーになり、哲学者になる。世界のあらゆる国を訪れて、僕が見つけたことを人々と分かち合って、誰もが意義ある豊かな人生を送れるようにするんだ」

当時はここまでまとまってはいませんでしたが、あの晩、そんなビジョンが私には見えたのです。ポールが参加者をビジュアライゼーション（視覚化）と瞑想《めいそう》へと導いたとき、バルコニーに立ち、大勢の人々の前で話をしている自分の姿がはっきりと見えました。このビジョンがあまりにも鮮明で力強かったので、私は涙が溢《あふ》れてきました。

15分後、瞑想を終えて周りを見ると、すべての参加者が感動に浸って涙を流していました。

みんなそれぞれの人生で本当は何をやりたいのかというビジョンが見えたのです。

ポールを見ると、まだ目を閉じ、手をひざの上に置いて瞑想をしていましたが、彼の心の声が聞こえるようでした。

「神よ、感謝します。ここにいる若き魂に与えられたミッションが今夜、明らかになりました」

そうです。これは「ミッション」（人生の目的）です。

経験してきたことが、どのように私を未知なる世界へ導いてくれるか、私にはそのときはっきりと見ることができました。失敗などないのです。私が過去に経験したことはすべて、人生ですばらしい何かを成し遂げるための導きだったのです。

今では、私は数えきれない多くの人々とワークを共にしていますが、このことは誰にでも当てはまる真実だと確信しています。

あなたの置かれた環境やこれまでの経験が、あなたを形作り、磨き上げ、意義ある人生の目的へと導くのです。いろんなことを経験していくうちに、あなたの歩くべき道が明らかになっていくでしょう。

## フォートデルシー・ビーチでの教え

ポールの教えをもっと学びたいと強く思った私は、翌朝、ポールが主催する３週間のセミナーに参加しようと、島の反対側にあるフォートデルシーまでヒッチハイクして行きました。集合場所には、50代から70代の参加者たちが集まっていました。

それから3週間、私たちは毎朝ポールから教えを受けました。ビジュアライゼーションと思考とアファメーションのパワー、「7つの自然治癒力」、後に「引き寄せの法則」として有名になる原理と効果などをレクチャーしてもらったのです。

セミナーの最終日、ポールは私たちに別れを告げました。

「私の愛するみなさん、私はカリフォルニアのマウントシャスタに帰ります。またいつかお会いできることを楽しみにしています」

私はがっかりしました。せっかく教育者とヒーラーと哲学者になるという新しい夢を見つけたのに、師と仰いだ人物が去ってしまうのです。ポールの側にいる間、自分がどんどん進歩していくのを感じていました。しかし、彼の指導なしではどうすればいいのかわかりません。途方に暮れた私は、ほかの参加者たちが帰った後、ポールの元に行きました。

「ブラッグさん。私はジョン・ディマティーニです。3週間前、夜のセミナーに参加しました」

「ああ、ジョン。覚えているよ」

「あなたは、あの夜決めたことは必ず実現するとおっしゃいました。僕には、教育者とヒーラーと哲学者になり、世界中を旅しながらあらゆる国を訪れ、発見したことを人々と分かち合っている自分の姿が見えました。でも、僕はこれまでに本を1冊だって読めたことがないのです。どうやって夢を叶えたらいいのでしょうか」

「それだけ？　本が読めないことが困ったことなのかい？」

「そうです。それで悩んでいるのです」

すると彼は、真剣な眼差しで私にこう言いました。

「それは悩むようなことじゃないよ。これから教える言葉を毎日欠かさず唱えなさい。『私は天才だ。私は自分の知恵を活かす』とね」

「私は天才だ。私は自分の知恵を活かす、ですか？」

「そう、そのとおり」

私はその場で何度もその言葉を唱えました。目を閉じて、私が本気でそう感じるまで、ポールは何度も何度も私に言わせたのです。

それからポールは私の肩を叩くと、これからもずっと続けるように言いました。

「1日も休まないように。毎日唱えれば、すべての細胞が共鳴するようになり、やがて世界も同調するようになるんだ」

私はこのとき以来、40年近くもこのアファメーションを毎日続けています。

## ビジョンが現実になった瞬間

ノースショアに戻ってみると、幻覚を見せるハーブで意識がハイになっている仲間たちがいました。私はテントをめくって言いました。

「やあ、みんな聞いてくれ。僕は天才だ。僕は自分の知恵を活かす！」

仲間たちは床を転げ回って大笑いしました。

「ジョンは天才だぜ！　イエーイ！」

このとき、私はすべての人に自分の夢を告げる必要はないことを悟りました。人生の目的を見出したとき、自分より小さなビジョンを持っている人たちに伝えると、相手は自分たちに合うようにこちらのビジョンを小さくしようとします。しかし、自分よりも大きなビジョンを持つ人たちに自分の夢を話せば、励ましてくれ、さらに大きなビジョンを持つように勧めてくれるでしょう。

このことを胸に刻みながら、私はポールの教えを実行していきました。

まずはしばらく断食して体に溜まった毒素を出し、その後、健康によくて栄養価の高い食べ物をとりました。瞑想も始めました。あるとき、瞑想中に、ハワイを去り、両親の元へ戻る時期だという心の声が聞こえてきたので、私はすぐにカリフォルニアへ飛び、家までヒッチハイクして帰ったのです。

しばらくすると、母から高校卒業に相当する一般教育修了検定（ＧＥＤ）を受けるように勧められました。私はアファメーションの「私は天才だ。私は自分の知恵を活かす」を何度も心の中で繰り返しながら、マークシートをあてずっぽうで塗りつぶしていきました。その結果、なんと試験に合格したのです！　さらに、せっかくだから大学の入学試験も受けてみてはどうかという母の言葉に従って受験してみると、本当に受かってしまったのです。

私は晴れて大学に入学しました……学習障害を持つ、テントの中で死にかけたホームレスのサーファーが、です。私は劇的な変化にわくわくしていましたが、すぐに学習障害の影響が出てきて単位を落としそうになりました。しかし、逆にそのことが私に「学習障害を克服する」という強い決意を抱かせたのです。その日から私は、辞書を最初から最後まで読み、それにより語彙《ごい》も増え、さらには百科事典を読み始めるまでになったのです。この訓練をくじけずに続けたおかげで、読み書きの能力は少しずつ向上し、成績も上がっていきました。

ポール・ブラッグに教わったアファメーションを実行するようになってから2年。私が大学の図書館で20人ほどの仲間の学生に数学を教えていた日のことです。みんなで大きなテーブルの周りに集まって微積分の問題を解いていたとき、誰かがこう言うのが聞こえました。

「ディマティーニってヤツは、天才だ！」

私はびっくりしました。自分では何度も言い続けていましたが、人が私のことを天才と呼ぶのを聞いたのは初めてだったからです。自分の決めた運命に手が届くところまできたとわかり、ポールの教えを思い出して涙が溢れました。

「あなたが見たり、話したり、感じたり、行動することが、あなたの運命を決めるのです」

まさにそのとおりでした。

それから私は、速読のスキルをしだいに身につけていき、宇宙の法則に関する275分野の3万冊近くの本を読破することができました。そして今では常に世界中を飛び回り、私が得た叡智《えいち》を分かち合い、人生の目的を見出すことによってすばらしい人生を送る方法を世界中の多くの人たちに教えているのです。

## 人生の目的を見つける時期

若いときに人生の目的を決めてしまってはいけないという規制はありません。まだ幼いときに、スケートボーダー、教師、ダンサー、俳優などになろうと決心する人もいます。私がノースショアに住んでいた頃、今は有名人となっているレアード・ハミルトンをよく見かけました。当時7歳か8歳だった彼は、ビーチを走り回ったり、ボードに飛び乗ってパイプラインと呼ばれる波に乗る練習をしたりして遊んでいました。レアードは4歳のときすでに、偉大なサーファーになることを決めていたそうです。今日、彼がビッグウェーブを乗りこなす第一人者となったのは、早い時期に自分の天性を見極め、夢に人生を捧げたからだといえるでしょう。

こんな例は彼だけではありません。

意義のある豊かな人生を送るには、人生の目的を見出すことが必要です。ぜひ、あなたも人生の目的を見つけてください。将来何をするのかまだはっきりしなくても問題はありませんが、私の経験を通していえることは、私たちはみな心の中では本当にやりたいことがわかっているということです。本当にやりたいことをはっきりさせようとするとき、不安や恐怖心がわきあがってくることがありますが、あなたが生きがいを感じる大きなミッションは、心の奥底に確かに存在しています。

**あなたが誰でも、どこにいても、どの国に生まれても、どんな経験があっても、自分と人生にどんな思い込みを持っていようとも、あなたが人生の目的を見つけることは可能です。**そして、いかなる障害も乗り越え、自分に与えられたミッションを果たすことができるのです。

どんな夢でも叶えることができるでしょう。

## 第1章のまとめ

◉人はみんな、心の中では答えを知っています。そして何に人生を捧げたらいいか、ちゃんとわかっているのです。

◉人生の目的は、あなたにとって最も大切なことと関連があります。

◉困難と経験は、あなたをより大きな人生の目的へと導いてくれます。

◉できるだけ早い時期に人生の目的を見出せれば、夢を実現し、本来の自分の行き方を見つけることがたやすくなります。

### アファメーション

次のアファメーションの中から1つ以上を選び、今日から1カ月間、できれば数カ月、毎日口に出して言いましょう。それがとても難しいと感じたり、また逆に効果があると感じたりする場合は、それ以降も毎日唱えることを習慣にしてください。

**▽「私は自分がしたいことを知っています。そしてそれをし続けます」**
**▽「日々、人生の目的が明らかになっていきます」**
**▽「私は、自分のミッションを知っていて、それを果たすために行動を起こします」**
**▽「チャレンジするからこそ、偉大なことを達成できると私は知っています」**

# 第2章 人生で「欠けているもの」とは

「欠如しているものなどない。すべては存在している。
たとえそれがまだ見えないとしても」
ロポン・テンジン・ナムダク（ボン教の教祖）

すべての人は、それぞれの「価値観の優先順位」に従って生きています。そしてその順位は、意識的に、もしくは無意識のうちに感じている「欠落」によって決定されています。欠落とは、満ち足りていない部分のことです。欠落していると感じる部分は、あなたが日頃解決したいと思っている事柄や、克服したいと願っている課題かもしれません。つまり、**人生で「欠けている」と感じるものは、あなたにとって最も重要なものとなり、価値があるものとなります。**あなたはたくさんの時間、お金、エネルギーを自分にとってその最も価値のあるものに費やしています。この章ではそれを詳しく説明していきましょう。

## 欠落が大切な価値観を生む

例えば、恋愛面で満たされておらず、それに大きな価値を置いているなら、あなたは恋愛対象となる相手を求め、出会いがありそうな場所へ足を運ぶでしょう。あるいは、経済的に豊かでないと思っているなら、お金を稼いだり、貯金をしたりする方法を検討するでしょう。あなたがもし、友人が足りないと感じているなら、何かのグループに参加するなど、人に出会うための方法を考えるでしょう。

レイク・ニースリングは水泳の金メダリストです。彼は、1日の大半をプールで過ごし、技術の向上を図っているといわれています。泳いでいないときでも常に自分のパフォーマンスについて考え、途方もない努力をして、何度も大きな大会で優勝しています。彼が目標としているのは、水の中を力強く、速く泳ぐことであり、水泳選手として成功することです。

これは少しも不思議なことではありません。すばらしい泳ぎをすることが、レイクにとっていちばん価値のあることだからです。

では、この価値観はどこから生まれたのでしょう。実はレイクは6歳のとき、溺れて死にそうになったことがあるというのです。この経験があったからこそ、彼は泳ぎがうまくなりたいと思い、その結果、水の中では誰にも負けなくなりました。彼の幼少時代の欠落、つまり泳ぐ技術に欠けていたからこそ、水泳が彼にとって最高の価値のあるものになったのです。

あなたにも、人生の中で欠けていると感じるものがあり、その欠けている部分を埋めたいと強く願う気持ちがあるのではないでしょうか。英語のfulfillは、「実現する」という意味ですが、「満たす」という意味から派生しています。あなたは見方を変えたり、何かを実現したりすることで、欠落を埋めていきます。価値観のリストの中でいちばん高いものを追い求め、それを手に入れることに集中するのです。価値観のリストの中で優先順位の低いものに関しては、手に入れようとはしないでしょう。

あなたが欠落だと感じる部分は、次の人生の7つの領域のどこかに当てはまります。

1. 心と精神性の領域（自分とつながる）
2. 知性の領域（知性や知識）
3. ビジネスの領域（キャリアでの成功）
4. お金の領域（富）
5. 家族の領域（親しい人との関係性）
6. 社会・人間関係の領域（人脈や友情）
7. 身体の領域（健康と活力）

## 人生の７つの領域

人はみんな、それぞれの大事な価値観を以下の７つの領域に分かれて持っています。あなたの人生の目的は、１つかそれ以上の領域に関係していて、あなたが本来進むべき道を明らかにしてくれるのです。

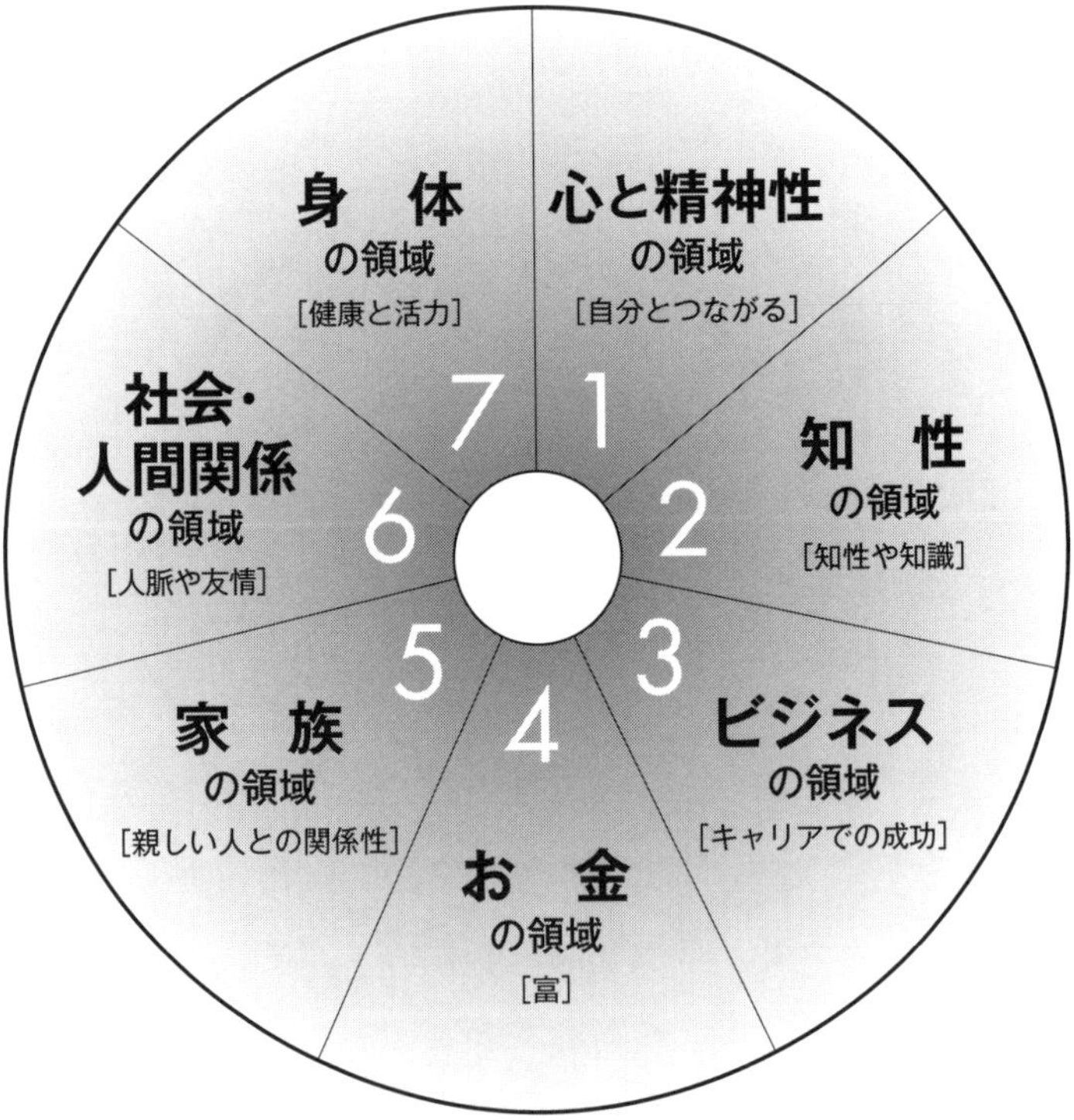

人はそれぞれの大事な価値観を、７つの領域に分かれて持っています。

そして、欠けていると思って求めているものは、実はあなたはもう手にしているのですが、それはあなたの気づかない形をしています。禅の達人たちは、自分の外側の世界を探し回るのをやめれば、すでに自分の意識と影響が及ぶ範囲の中に、自分の求めるものが存在していることに気づくと言っています。求めるものが人生の中にすでに存在して、大切な価値観がすでに満たされている状態だということを知り、それに敬意を払い、感謝すれば、すぐにそれは目に見える形で現れてくることでしょう。一方、絶えず何かが足りないと思いながら行動すれば、あなたが求めるものはあなたから遠ざかっていくのです。

例えば、太りすぎの人は、自分の体を満たしてくれるエネルギーの価値をきちんと評価することができるようになるまでは、健康体になることは難しいでしょう。恋愛を求めている人は、1人の時間を楽しみ、もうすでに満足感や充実感で満たされていることに気づかなければ、ずっと恋人はできないでしょう。物理的な豊かさを求める人は、もうすでに豊かさを享受していることに気づかない限り、富を手に入れることはできません。すべてそうなのです。

ただ、新しい見方でものごとを見ようとする気持ちさえあればいいのです。あなたの持っている価値観の優先順位が、あなたの経験に影響を与え、人生の見方を形作り、最終的に生きる道を決めていくということについて、これからさまざまな角度からご紹介していきましょう。

## 価値観の優先順位とは？

たいていの人は7つの領域すべてにおいて成長し、自分が持つ可能性を最大限に発揮したいと思っています。朝起きた瞬間に、「衰えていきたい」という人に出会ったことはありませんし、もっと貧しくなり、頭が悪くなり、やる気をなくしたいという人もいません。

誰もが成長したいと思っているからこそ、足りないとか、満たされていないと感じてしまうのです。

何か1つの領域にしっかりかかわっていき、その領域で成長し、何かを成し遂げたいと思っているということは、そこに価値を置いているということです。実際に、何に時間やエネルギーを費やし、関心を払い、どんな環境にいるか、ということに注目してみると、あなたの価値観の重要度を最高から最低までランクづけすることができます。次の章で一緒にランクづけをしてみましょう。価値観の中にきちんと優先順位があることがわかれば、その価値観が思考や行動に影響を与えていることもわかるでしょう。

価値観の優先順位に従いながら、あなたは五感を使って、世の中の見方を決め、また、どのように行動するかを、体を通して表しているのです。ひとつひとつのことを優先順位によって決めています。自分では価値が低いと思っているのに、ほかの誰かに重要だからと決められたことをやっていれば、やる気は出ません。人生を無意味なものに感じ、時間とエネルギーを何に費やしたいかということさえわからなくなるでしょう。それを次で詳しく説明しましょう。

## 「意識不活性状態」と「意識活性状態」

ここに、ジョーイとメリッサという、2人の人物がいるとします。ジョーイは、若い独身の男性で、野球や運動、コンピュータ、健康的な食生活を大切にしています。また、誰か若い女性を食事やデートに誘いたいと思っています。ふだんは、自宅や職場でコンピュータに向かったり、健康や体づくりのために多くの時間を費やしたりしています。

一方のメリッサは大学でジャーナリズムを学んでいる女性です。彼女は人づきあいを大切にして、ふだんは家族や友人と過ごしたり、勉強をしたりしています。

ジョーイはメリッサに電話をかけ、その日の午後にショッピングモールで買い物をしないかと誘いました。彼はセール中のスポーツ用品店に行こうと思っています。メリッサは快く誘いに乗りました。彼女のいとこの誕生日が週末にあるので、プレゼントを買おうと考えていたからです。

2人がショッピングモールに着くと、さっそくジョーイはスポーツ用品店に入りました。しかし、メリッサは興味を持てずに退屈してしまいます。つまり、「意識不活性状態」に陥ってしまったのです。彼女は店を出て、外のベンチで待つことにしました。ジョーイが興味を持つものに、メリッサは興味がありません。言い換えれば、ジョーイにとって価値のあるものは、メリッサにとっては価値のないものだということです。一方、店内で野球用品や記念グッズを見ているジョーイはとてもいきいきして目が輝いています。それは、そのとき彼は、自分の価値観に基づいて行動しているからです。このとき、ジョーイは「意識活性状態」にあります。

メリッサがベンチで休んでいると、近くに本屋があることに気づき、次の試験のために参考書を買うことを思いつきました。彼女はスポーツ用品店に戻ると、ジョーイに欲しい本を探しに本屋さんに行く旨を伝えます。今度はメリッサがいきいきとしてくる番です。反対に、後から本屋に来たジョーイは、待たされている間、「意識不活性状態」になります。それは教育やジャーナリズムは彼にとって価値あるものではないからです。

誰でも興味がわいてきて、意識が活性化してくるときもあれば、逆に興味を失って、ぼーっとしてしまうときもあります。あなたが重要だと思っている予定がある日は、朝、誰にも起こされる必要はありませんが、あまり乗り気のない予定がある日には、目覚まし時計を何度も止めることになるでしょう。興味を持っていて、価値が高いとみなしていることをしようとすると、あなたは一生懸命になります。しかもそれがうまくいき、人生の目的につながっていくとわかれば、あなたは何があろうともそれを身につけようとするでしょう。そして、もっといい結果を生むために、もっといろんなことを知りたいと思うのです。

## 価値観が記憶力を左右する

価値観の優先順位は、情報、人、場所、出来事に対する記憶力までをも決定します。

例えば、もう二度と会いたくないと感じる人に出会ったとしましょう。その人はあなたにとって明らかに価値が低く、あまり役に立ちそうにありません。そのような人から名前を聞いても、すぐに忘れてしまいます。しかし、あなたの人生にとって重要だと思う人と出会ったとしたら、あなたはその人の名前を何度も頭の中で繰り返し、めったに忘れることはなく、長い間覚えているでしょう。

同様のことが、あなたの経験したことや情報にも当てはまります。価値観に合うものは長い間覚えていますが、価値観に合わないものはすぐに捨てたり、忘れられたりしてしまいます。

何か新しい技術を学ぶとき、それが価値観のリストの中で低い位置にあったら、身につけるのに苦労したり、教わってもすぐに忘れてしまったりします。あなたを教えている人は、同じことを何度も言わなくてはいけないので、だんだんイライラが募ってきます。そして、あなたのことを「覚えが悪い」とか「怠けている」などと評価するでしょう。

でも本当にそうでしょうか。いいえ、そうではないのです。それは「その技術は自分の価値観とかかわりがないので、たとえそれを身につけたとしても自分の大事な価値観を体現することにならない」と思っているからなのです。その技術が役立たないとか、あなたが悪いということではありません。あなた自身の価値観の優先順位が、記憶力に影響を与えているだけなのです。

## 価値観が時間の速さを変える

かつて、アルベルト・アインシュタインは、「かわいい少女の隣で物思いにふけっているときは、1時間が過ぎても1分しかたってないように感じるが、熱したコンロの上に座るなら、たとえ1分でも1時間座り続けたように感じるものだ」と言いました。これは事実です。達成感が得られるものや、自分にとって価値があるものに力を注いでいるとき、時間は早く過ぎていきます。ところが、やる気が起こらない、価値の低いものに時間を費やしているときは、時間はなかなか過ぎてくれません。

重要な話題なら、一晩中でもおしゃべりを続けられますが、関心が向かないことに話題が移ると、その会話は長く感じるようになり、ただ、ぼーっと聞いているか、聞いているふりをするようになります。同じように、車の中で楽しくおしゃべりしているときは、まるでレストランか映画館にいるかのように時間はあっという間に過ぎていき、運転していることすら意識しません。しかし、たった今ケンカしたばかりの相手と一緒にいるなら、たとえ目的地が近くても、時間はとても長く感じられ、数分間が数時間に思えてしまうものです。これは、あなたの受けとめ方と価値観によって起こるのです。

**価値観を大切にして生きる**

やる気が出ないときは、外からの動機づけが必要になります。動機づけとインスピレーションの違いは、動機づけは外から与えられるもので、価値が低いものに関連しています。インスピレーションとは内からわきあがってくるもので、あなたにとって最高に価値あるものに関連しています。大切だと思うものに焦点を合わせて生きていけば、人生における7つの領域において、より多くのことを達成していけるようになります。そして、やりたいことをしながら、人生の進むべき道を明らかにしていくことができます。自分にとって大切なものがわかると、人生の目的を立てやすくなります。**意義のある人生を送るということは、自分が大切にしているものに沿って生きるということです。**

次の章では、あなた自身の価値観の優先順位を実際に見つけていきます。それが人生の目的を見つけ、将来への方向性を決めるための重要な鍵になるからです。

## 第2章のまとめ

⦿人生において「欠けている」と感じるものに、あなたは価値を置いています。

⦿それぞれの価値観は、重要性の度合いによりランクづけされ、「価値観の優先順位」を生み出します。

⦿あなたは価値観の優先順位に従ってすべてを決めています。

⦿最高の価値があるとみなしたものに、あなたは最大の関心を寄せ、長期的に記憶し、焦点を合わせて、訓練を積み、貢献し、インスピレーションを得ています。

⦿価値観の優先順位の最も高い位置に合わせて生きると、人生の目的を見つけやすくなり、意義のある人生を送れる可能性が高くなります。

**アファメーション**

▽「私は、自分の大切にしている価値観を知っていて、大切にします」
▽「私は、自分の価値判断に基づいて決断します」
▽「無意識に感じている欠落が、意識の上での、私の価値観の優先順位を教えてくれます」
▽「大切にしている価値観から、私のやる気がわきあがります」

# 第3章 自分にとっていちばん大切なものを見つける

「価値観が明らかになれば、決断は容易になる」
ロイ・ディズニー（実業家）

人生の目的を見つけ、進むべき道を明らかにしようとするには、自分の価値観の優先順位について知ることがとても重要になります。あなたにとっていちばん大切なものを知り、それに敬意を払うようになれば、人生を捧げて何になりたいのか、何をしたいのか、何を手に入れたいのかについて確信を持つことができるでしょう。

これから私が考案した「ディマティーニ・バリュー・デタミネーション・プログラム™」（価値観を明らかにする方法）をご紹介します。それぞれのセクションに書かれた質問に当てはまる答えを思い浮かぶ順に3つ、まず紙に書き出してください。それができたら、12の質問の終わりに書かれた指示に従ってみましょう。

## １．身近にあるものは何ですか

家や職場など、あなたがいつも多くの時間を過ごす場所をよく見てみましょう。その場所には自然とあなたにとって価値の高い品物が置かれています。その中から最も意味のある物をいくつか選んで、それがどのようにあなたの価値観を表しているか考えてみましょう。

例えば、リビングルームには、本、雑誌、新聞が置いてあり、その新聞にはあなたが興味を持つような見出しが載っているかもしれません。スポーツもしくは学業の分野で得たトロフィーや賞状、好きな絵やポスター、または家族や友人、恋人の写真が飾られているかもしれません。周りにあるものをよく観察して、そこに置かれているものが、あなたが大切に思うことをどう表しているか考えてみましょう。またあなたの持ち物から、どういうことがわかるでしょうか。

例を挙げると、私がよく時間を過ごす場所には、本、コンピュータ、研究資料、かばん、服があります。私にとってこれらの品物は、旅をすること、研究すること、書くこと、教えることを表していて、それらはすべて私の人生でとても大切なことです。

注意深く観察し、周りに置いてあるものを手がかりにして、あなたにとって最も価値があることを見出してください。重要でないものは、ガラクタとして屋根裏や物置にしまわれていて、本当に大切なものは、周りの人がよく目につくところに置かれているはずです。

## 2．1日をどんなふうに過ごしていますか

人は自分にとって価値のあるものには多くの時間を割きますが、価値のないものは先延ばしにしようとします。あなたが現在、1日の生活の中で時間をどう配分しているか細かくチェックし、何にどのくらい時間をかけているか書き出してみましょう。いちばん時間を費やしていることは何でしょうか。いつもしたいと思っていることは何ですか。

ある学生は、自分にとって最も価値のあるものは勉強だと言いました。ところが、彼女に1日の時間の使い方を正直に書き出してもらったところ、次のようになりました。

- 朝ギリギリに起きて、大急ぎで学校へ行く準備をする
- 学校で友人たちと楽しく時間を過ごす（6時間）
- 放課後、友人とスポーツをする（3時間）
- 家族と一緒に夕食を食べる（1時間）
- 寝る前にテレビを見て、ゲームをする（3時間）

この結果からは、学校での勉強が、この学生にとって最高に価値があるものには思えません。実際の順番は、①人と話すこと、②スポーツとリラックスです。勉強のことについては一切触れていないどころか、学校へ行くために起きることも苦労しています。このことから、実際には勉強が、彼女が持つ価値観の中では、低い位置に入っていると言えるでしょう。

実際に1日の時間をどう使っているか、自分に問いかけてみましょう。日々の時間を割り当てているいちばん大切なこと、そして、それをすることで満たされると感じることはいったい何でしょうか。2番目と3番目は何ですか？

## 3. 何をしているときに元気が出ますか

好きなことをしているとき、人は活発になり、元気になります。しかし、価値が低いとみなしていることにかかわっているときには、疲れを感じてしまいます。

例えば、あなたは今、17歳で、友達と遊ぶことに価値を見出しているとしましょう。土曜日の午後、退屈し、くたびれて座っています。そのとき友人から「今夜パーティーに行こう」と誘われると、あなたはあっという間に元気になるでしょう。反対に、両親から「ガレージの掃除をしよう」と言われると、今は疲れているからと断ったり、後にしようとしたりします。あなたが怠け者だからですか。いいえ。ガレージの掃除は、友人と楽しいひとときを過ごすほど、あなたにとって大切ではないからです。あるいは、両親がガレージの掃除に見出す価値を、あなた自身は感じていないからです。

あなたがやる気とエネルギーを感じるのは、どの活動や課題をするときですか。どんなときにいきいきとしてくるのか、自分に問いかけてください。

「１日、１週間、１カ月を通して、私はどこに自分のエネルギーを使うことが好きなのだろうか。私は何に集中し、何に没頭したいのだろうか」

## ４．何にお金を使っていますか

英国経済学者のアルフレッド・マーシャルは、１８９０年に著した『Principles of Economics』（経済学原理）で、「人はそれぞれの価値観に基づいてお金を払う」と力説していますが、この原理は出版から１００年以上たった現代にも当てはまります。あなたがもし貯蓄に価値を見出し、5年後、10年後、15年後に本気で財を築きたいと考えているならば、何かに対しての支払いをする前に、貯金しようとするでしょう。もしもお金を貯めることに価値を置いていないなら、あなたにとって大切だと思うことにお金を使い、週末や月末を迎える前にお金が底をついてしまいます。

お金の使い方は、稼ぐお金の金額には関係なく、その人が持っている価値観によって、決まります。少ない給料でコツコツお金を貯め、最終的にかなりの財産を残している人が大勢いる一方で、ケタ外れの金額を稼ぎながら、貯金はほとんどせずに家、車、ヨット、服などにお金をかける人も多くいます。

あなたは何にお金を使いますか。服、教育、旅行ですか。パーティーを開いたり、バーでお酒を飲んだりすることですか。トレーニングジムに行ったり、家族へのプレゼントを買ったりするのに使っているのでしょうか。

## 5．きちんと整理がついていることは何ですか

自分の中で価値が高いと思っている分野では、混乱や迷いはほとんどなく、やるべきこともきちんと整理されています。

例えば、あなたは人づきあいが得意だとしましょう。あなたは、誰と誰が知り合いで、家族構成、住んでいる場所、仕事は何をしているかまでちゃんと把握しています。また、パーティーなどの集まりで、誰を誰に紹介すればいいか、誰と誰が気が合うのかということをわかっています。アドレス帳は整然としていて、最新の情報に更新されており、ニックネームや誕生日も記入されています。この場合、あなたの7つの領域の中で、「人間関係の領域」が常にきちんと整理されているので、人づきあいがあなたの価値観の上位にあることがわかります。

　しかし、外からの動機づけが必要となるような、あなたにとって価値の低い分野では、ものごとがきちんとまとめられず、うまくいきません。ただ、ひとつ面白いことは、あなたのとても近くにいる人は、あなたが重要でないと思うことを逆に価値があると受けとめている傾向が見られます。したがって、あなたが混乱してうまくやれないことを、その身近な人が管理してくれるようになります。

　あなたの人生で最もきちんと管理できていることは何ですか。詳細を掌握《しょうあく》しながら、うまく事を運べる領域は何でしょうか。その領域はあなたにとって価値が高いということなのです。

## 6. スキルを積んでいることは何ですか

　大事に思っていることに、人は簡単に集中できるものです。未熟で、不安定になり、軽率な行動をしてしまう領域はあなたの価値観の上位にランクしていないということを覚えておいてください。価値観の優先順位を無視して生きても、得られるものは何もありません。人生の目的を達成しようと努力するときに、あなたは自然と夢中になり、上達するのです。

　あなたの最も熟達している領域は何ですか。いつもうまくいく領域はどこですか。頼りにされていることは何ですか。よく仕事を任せられ、責任を負うことができるのはどの領域ですか。

## 7. いつも頭の中にあるのは何ですか

あなたは大切なことに時間を使い、いつもそれを考えていることでしょう。他の人たちがその人なりの価値観に従って、あなたにとって興味のないことを話すとき、気持ちが散漫になり、自分が興味を持てる話題に戻そうとします。このように思考は自然と、あなたが価値を置いているものへと向かうのです。

いつもあなたは外国を旅することや、週末のショッピング、友人との最高のゴルフなどについて考えているかもしれません。人生で本当にやりたいと思うことや、恋人に会うこと、家族と過ごす休暇の計画を立てることを思い浮かべているかもしれません。いつも頭の中にあることとは、あなたにとって価値が高いことを示しています。

気がついたら、何を考えていますか。物思いにふけっているとき、どんなことを考えていますか。長期にわたって変わらない思いや考えは、あなたにとって価値の高いことなのです。

## 8. どんなビジョンを描いていますか

誰でも心の中でビジョンを描きます。自分の人生をどう展開したいかという夢を持っています。あなたがもしミュージシャンなら、リハーサルや次回のコンサートで演奏しているところを想像するでしょう。想像の中で自分の奏でる音楽を聴いたり、ショーを楽しむ観客を眺めていたりするかもしれません。コンサートチケットがどれくらい売れるか想像することもあるでしょう。

もし、あなたが財産を築くことに高い価値を見出しているなら、銀行口座や投資信託の残高をイメージし、毎週、毎月、そして毎年いくら貯蓄が増えていくかを思い浮かべるでしょう。その総額が将来いくらになるとか、その財産をどう使おうかと想像したりするのです。こうしたイメージや計画は、あなたが最も大切にしていることを明らかにします。

あなたは日々どんなことを想像していますか。あなたのビジョンは何ですか。あなたが将来のことで空想にふけるとき、繰り返し思い浮かぶテーマは何ですか。あなたの心の中で想像することは、あなたにとってとても大切で、人生で実現したいことなのです。

## ９．どんなひとりごとを言っていますか

ひとりごとには、人を成長させたり、その人の可能性を奪ったりする力があります。あなたは最も高い価値を置いているものについて、ポジティブ、ネガティブ両方のひとりごとを言っているのではないでしょうか。

どのような決断をしようかとか、より利益を生み出すにはどうすればいいかとか、自分のゴールを達成するにはどのようなことを学べばいいのかとか、自分自身と対話をしているかもし

れません。ひとりごとを言いながら、翌週や翌月、さらに翌年の計画を立てているかもしれません。過去にしたことを振り返り、どうすればもっとうまくいくかつぶやいていることもあるでしょう。次回の試合で打つ手を自分自身にアドバイスしたり、友人や家族と過ごす週末の計画を声に出して立てていたりするかもしれません。

あなたはどんなことをいつもつぶやいていますか。内なる対話をするとき、いつも出てくるテーマやトピックは何でしょうか。心の中で話していることは、あなたにとって本当に重要なことや、達成したいと思っていることを反映していると覚えておいてください。あなたが選ぶアファメーションも、価値観の優先順位を明らかにしてくれます。

## 10. どんな話題が好きですか

自分が価値を置いている話題に関しては、人はおしゃべりになります。人は誰でもわくわくするようなことを話したいのです。あなたも、自分にとって重要なトピックに関連した会話を持ち出す傾向があるのではないでしょうか。

次回、何かの集まりに参加したとき、周りの人がどのようにして自分たちに最も重要なテーマが話題になるように持っていくか注目してみてください。例えば、人づきあいに価値を見出す人なら、週末に何をしたかと尋ねるでしょう。もし、人づきあいがあなたの価値の優先順位の下位にあり、お金を稼ぐことが上位にあるなら、あなたはこう言うかもしれません。「どこのパーティーにも行きませんでしたが、日曜日に仕事をして５００ドル稼ぎました。将来に向け、あなたはどんなファイナンシャルプランを立てていますか」

相手があなたと同じような価値観を持っていれば、その相手と夜遅くまで共通の関心ごとについて語り合うことができます。一方、価値観の優先順位が異なり、価値観がぶつかってしまう場合は、あなたは話題を変えようとしたり、その人と話すことさえ避けようとするでしょう。

初めて会った人とあなたはどんな話をしますか。どのような話題だと長く続けることができますか。一晩中でも話し続けることができるのはどんなテーマでしょうか。

## 11. 何に心を動かされるでしょうか

人生の中で、人は誰でも心を動かされる経験をしてきています。感動して、思わず涙を流したこともあるでしょう。それが誰に引き起こされたか、いつ起きたかには関係なく、その経験によってあなたの心は開かれ、人生で真に大切なことを実現する可能性が生まれてきます。

あなたにとって最も意味のある価値観を体現した人物が、あなたのヒーローとなります。大いに心を動かされた瞬間や状況を思い出し、それらに共通するテーマを見出してください。あなたに感動を与えるものは何ですか。

## 12．目標は何ですか

少し時間をかけて、現在の目標を書き出し、リストにしてみましょう。何を目指していますか。人生の7つの領域を思い出し、目標がどの領域にあてはまるか考えてみましょう。本当に欲しいものを買うために、目標を立てて貯金をしているのでしょうか。パートナーと共に築く将来に焦点を当てているのでしょうか。家族や友人と過ごす長期休暇や旅行のことですか。仕事や職場を変えることですか。

あなたが人生でいちばんなりたいもの、したいこと、持ちたいものをよく考えてください。その中で、最も重要なのはどの目標でしょうか。あなたが掲げる将来の目標のトップ3とは？これまでにずっと持ち続けている願望は何ですか。今、それは実現していますか。

### ワーク1　価値観の優先順位を見つける

価値観を確定する12のカテゴリーのすべての質問に答えたら、価値観の優先順位を書き出すことができます。次の指示に従ってください。

1．次の12の項目に対し、それぞれ思い浮かぶ順に3つずつ答えてください。
①身近にあるものは何ですか

②1日をどんなふうに過ごしていますか
③何をしているときに元気が出ますか
④何にお金を使っていますか
⑤きちんと整理がついていることは何ですか
⑥スキルを積んでいることは何ですか
⑦いつも頭の中にあるのは何ですか
⑧どんなビジョンを描いていますか
⑨どんなひとりごとを言っていますか
⑩どんな話題が好きですか
⑪何に心を動かされるでしょうか
⑫目標は何ですか

2. 36個の答えのうち、内容が似たもの同士を1つにまとめましょう。例えば、何に時間を費やすかという質問に対して「勉強する」と答え、エネルギーを何に使うかという質問には「学ぶこと」、そして身近にあるものが「本」と答えた場合、これらはみな、「知的能力を高める」とか「学ぶ」という1つの価値を示しています。まとめる際の言葉は必ず自分で考え、それがいくつの答えをまとめたものか、その数も横に書いておきましょう。

3. 横に書いた数の多い順に、まとめたものを並べていきます。

4. 上位の項目を見ると、自分にとっての重要な価値観がわかります。

5. 自分の価値観を確認するために上位5番目までの価値観を273ページの表に書き写しましょう。

間違いがないように確認してみてください。欠けていると感じる部分と価値観が一致しているはずです。そしてその価値観は、7つの領域のどこかに当てはまるのではないでしょうか。**あなたがいちばん価値があると思うことは、あなたに最も「欠けている」部分**で、それはあなたが心の底から「もっと」欲しいと思っていることです。2番目に価値のあることは、2番目に多く「欠けている」こととなり、以降、同様に続きます。もしこのように価値観と欠落が一致しないときは、再び12のカテゴリーに戻り、質問に答え直してみましょう。

ここで書き出した上位の価値観が、あなたが推察していたことや望んでいたこととは違う場合がありますが、このリストは、今のあなたの本当の価値観を明らかにしています。価値観を確定する際、繰り返し出てくるテーマがあるなら、それは現段階において明らかに重要だとわかります。実際に、あなたは時間、お金、エネルギーなどをその価値観に費やしているのです。

価値観の優先順位が明らかになると、あなたが望んでいると思っていたことと、実態がまったく違うことがわかったりします。あなたがそうしたいと考えていたことは、実はあなたが権威だと認めてきた人々からの影響だったかもしれません。ほとんどの人は、自分が持つ本当の価値観に気がつかないで、代わりに本当は大切ではないものを望んだりしますが、それは真の人生の目的とはなりません。

あなたが人生で最も「欠けている」と思っていることは何ですか。それがあなたにとって最も価値のあるものです。あなたが欠けているとみなすものと、現在のあなたの価値観とはどんな相関関係にあるでしょうか。欠落を感じることがなければ、それを埋めようとする気持ちも起こらないということを覚えておいてください。


あなたが成長し、円熟するとともに、あなたの価値観の優先順位も変わります。あなたが人生で目標を達成し、課題を克服していく中で、あなたの価値観も徐々に変化していきます。「欠けていたもの」がもはや「欠けている」と感じなくなったとき、あなたの意識はその次に大きな欠落に移ります。あなたが1つの価値観を満たすたびに、新たな欠落が現れてくるので、取り組む欠落や大切に思うことがなくなることはありません。

価値観は変化し、時間とともに再編成されるので、優先順位を把握するために、定期的に価値観の再評価をすることをお勧めします。３カ月ごとに時間をとり、このプロセスを繰り返してください。そして価値観を明らかにして、将来の計画を積極的に進め、あなたにとって本当に重要なことに従った目標を立ててください。価値観の優先順位を見出すことが、自分の運命の道を歩くための鍵となります。本当の価値観と調和するとき、ミッションが明確になったあなた本来の人生が開けていくでしょう。

## 第３章のまとめ

◉あなたにとって最高に価値のあることは、次のことをよく観察することで見極められます。それは身の回りに置かれたもの、時間やエネルギーの使い方、うまくいっている分野、いつも考えていることや想像していること、自分の中で対話したり、他の人に話したりすることです。

◉あなたにとって最高に価値のあることは、人生でいちばん「欠けている」と見えます。

◉あなたの価値観の優先順位は、現在、何がいちばん重要であるかを反映しています。

◉あなたが大切だと思っている価値観と、真の価値観は必ず一致するわけではありません。

◉あなたの価値観の優先順位は、大切なものを満たしていくにつれ、変化していきます。あなたの人生から欠落や価値観がなくなることはありません。

**アファメーション**

▽「私は自分が最高に大切にしているものを知っていて、感謝し、敬意を示しています」

▽「私は本当に大切な価値観に沿った目標を立てます」

▽「私は真の価値観に合わせて生きることで、人生を充実させます」

▽「私は意義のある、感動に満ちた人生を送ります」

# 第4章 価値観が自分の人生を決める

「人は心の奥深いところに持つ願望で成り立っている。願望のあるところに意志が育ち、意志は行いとなる。その行いが人の運命を導く」
ウパニシャッド（インドの哲学書）

ある朝、目覚めたら、まるで神の啓示を受けたように、これからの人生でやりたいことが突然はっきりわかることを、あなたは期待しているかも知れません。しかし、そんなことが起こるのは、せいぜい1～3パーセントの人にしかすぎません。またそんな出来事が起こったとしても、それは大人になる前のことで、たいていの人は、大人になってから人生の目的を見つけていきます。なかには、意義のある生き方について人生のすべてをかけて追求しながらも、それがまだ依然として見つけられない人たちもいます。

人生の方向性が定まらないとイライラしたり、ストレスを感じたりするかもしれませんが、逆にその強い感情が本当に手に入れたいものを得るために、役立つこともあるのです。

人は自分のことがわからなくなると、自分自身を責めたり、落ち込んだりしますが、それらは次の2つの賢明でない選択をしている場合に起こります。

**①本当に望んでいるものではないことにしがみついている**

**②自分以外の誰かの価値観に合わせている**

もしもあなたがいつも追い立てられているように感じるなら、今までの考えを打ち破り、あなた自身の価値観を確認するときがきているといえるでしょう。自分の価値観を確認することができれば、実は、あなたは**「もうすでに自分にとって最も重要なものに従って生きている」**ということが理解できます。まだ気づいていないだけのことなのです。今こそ、とても難しく、しかし有益な問いに正直に答えてはいかがでしょうか。**私が本当になりたいもの、本当にしたいことは何だろうか、**と。

## 人生の目的についての真実

あなたならではの人生の目的とは何ですか。どのようにすれば、それは明らかになるのでしょうか。人生はこうあるべきと考えずに、前の章でご紹介した価値観を特定する方法を使って、今のあなたの人生を正直に評価していきましょう。そうすれば、あなたの価値観の優先順位の上位を占めるものが何であるかがはっきりとわかるはずです。

**人生の目的とは、自分に足りないとみなしたものが何かを知り、自分にとって価値のあるもので、この欠けていると感じる部分を埋めることなのです。**

あなたの人生の目的は、あなたが大切に思っているものを全部合わせたところにありますが、特に１～５位までにある価値観が決め手になります。**１位の価値観が最も重要で、そのほかの価値観は、この目的を達成するための手段となります。**あなたが自分の価値観に沿って生きているなら、最高の自分を経験することができるでしょう。

意識的でも無意識にでも、あなたが人生の目的だと思うのは、こうなりたいと思う人から取り入れた非現実的な理想かも知れません。つまりあなた自身にではなく、他人にとって重要なことなのです。他人の価値観に従って生きようとすることも可能ですが、あなたの行動は常に、実はそのときのあなたの最高の価値観を忠実に反映していることに気づいてください。自分の行動をきちんと観察していれば、人生の目的がわかるでしょう。

次に述べることは、現在のあなたの常識を打ち破るような驚くべきことなので、注意深く聞いてください。

**「あなたはすべての機会や人とのかかわりの中で、自分の最高の価値観を満たすように、決断し、行動しているので、人生の目的から離れることはできない」**

言い換えると、あなたは常に、価値観の優先順位の最上位にある価値観に従って行動していて、心の底では自らの天命に気がついているのです。人生の目的がわからないという人は、１人も存在しません。人生の目的を明らかにすることで、責任を負ってしまうとか、夢の実現に失敗することを怖がって、目的を明らかにしない選択をしていることはありますが、心の奥底では、自分の目的が何なのかわかっているのです。

目的が明らかになったのに、やる気が起きないことなどありません。最高の価値観からは無限のインスピレーションが得られるからです。あなたは人生の目的を生きることで自然とエネルギーに溢れ、人生は輝きを放つようになります。他の人があなたの人生を見て、もうすでに豊富にあると思ったとしても、あなたはまだ欠けていると思っていて、それを満たそうと日々かき立てられているのです。

## 人生の目的と7つの領域

あなたの本来の道を明らかにする鍵となる７つの領域についてもっと深く考えてみましょう。

1. 心と精神の領域～気づき、叡智、宗教的・霊的な要因、神や宇宙とのつながり
2. 知性の領域～天才性、知識、情報と専門技術、広範囲の思考
3. ビジネスの領域～職務の遂行、仕事やキャリアの成功
4. お金の領域～富を蓄えること、慈善活動への参入
5. 家族の領域～家族との関係を築く、儀式と伝統、パートナーとの親密さ
6. 社会・人間関係の領域～影響、リーダーシップ、ネットワーク、友情
7. 身体の領域～バイタリティー、エネルギー、スタミナ、健康、自信、魅力

人生の目的は、１つかそれ以上のこれらの領域に関係していて、あなた本来の道を明らかにしてくれます。あなたが人生で何をしたいのかわからないという混乱は、選択肢が少ないからではありません。最高の価値観にぴったりくるものをうまく探し当てることができていないだけなのです。ミッションを果たし、世界に影響を与えた人々の伝記を読むことで、あなた自身の方向性を見つけるヒントになるでしょう。次にいくつか例を挙げてみます。

## 心と精神の領域における目的

マザー・テレサとダライ・ラマは、人生を人々の心のために捧げる決心をしました。比類な

い偉人であるこの2人は、自分たちの心からわいてくるメッセージを伝え、希望とインスピレーションを何百万もの人々に与え、世界を感動させました。西洋社会では、ウエイン・W・ダイアーとディーパック・チョプラが多くの人々の心を満たし、インスピレーションを与え、偉大なスピリチュアルの師として認められています。

もしあなたの最高の価値観が精神の領域にあるのなら、あなたの人生の目的は、スピリチュアルなヒーラーや教育者になること、インスピレーションについて本を書いたり研究したりすること、あるいは、あなたが信じる宗教や哲学的な生き方をとおして、世界に感動を与えることなどが挙げられます。さらに、あなたは周りの世界に働きかけるのと同様に、バラバラになっているあなた自身を統合し、自分をありのままに認めていくことを目的とするかもしれません。もしかするとあなたの本来の道は、聖職に就いて修道院を築いたり、僧院やスピリチュアルセンターを建てて、人々が活力を得たり、瞑想したり、「今ここにいる」という感覚を持つ場所を提供することなのかもしれません。

## 知性の領域における目的

歴史に偉大な業績を残した人物、アルベルト・アインシュタインやアイザック・ニュートンは、知性を活かすことにより、それぞれの目的を追求しました。私は世界を旅しながら、ものごとの考え方や人生の7つの領域に力を注ぐ方法を人々に教えていますが、私自身の目的もこの領域にあるといえます。哲学者のイマヌエル・カントは22歳のとき、人生の目的を見出し、次のように宣言しています。

「私には心に決めた道がすでにある。私はこの道を進む。何であろうと私の邪魔はできない」

知性の領域における目的は、選んだ領域で求められる権威になるという目標を持ち、そのテーマを研究したり、調査をしたりすることだと思います。あなたの目的は、家族やコミュニティ、国、世界など、どの範囲であっても、人を導く教育者として訓練を重ね、自分を磨くことかもしれません。これまでの枠組みを打ち破り、新しいものの見方と世界観をもたらすことに最大のインスピレーションを感じる人もいるでしょう。

## ビジネスの領域における目的

リチャード・ブランソンは、ビジネスの領域に目的を見出し、すばらしい業績を達成しています。彼は、ヴァージン アトランティック航空とヴァージン・レコードを設立した人物で、ビジネスにおいて常に新しいものを生み出そうとしている最先端の起業家です。ブランソンによる最新のプロジェクトは、世界初の宇宙旅行を提供するヴァージン・ギャラクティックで、乗客を地球から宇宙へ手の届く料金で運ぼうとするものです。

ビジネスの領域における目的には、事業を構築したり、優れた製品やサービス、アイデアで人々に奉仕したりすることが含まれます。あなたは、革新的な方法で新しい製品を市場に持ち込んで起業し、成功するという夢を持っているかもしれません。または、取引のやり方を極め、製品やサービス、アイデアを通して、あなたの才能を分かち合うことに専念するかもしれません。著名な経営学の権威、ピーター・ドラッカーがそうでした。

この領域の目的には、キャリアに磨きをかけることが含まれます。それは、取り巻く環境を変えるためのアイデアを出すことかもしれません。世界中にメッセージや知識を広め、多くの人々の生活を変えるような貢献がしたいと思うのもその１つです。

## お金の領域における目的

お金に関連した人生の目的はさまざまな形で現れます。個人として、また事業者としても巨万の富を築いている、ウォーレン・バフェットとビル・ゲイツが良い例です。

また、自分のプロジェクトやビジネスの構想のために資金を集めたり、ジョージ・ソロスやほかの億万長者のように、慈善事業に力を注ごうと思ったりしているかもしれません。

財産を築く方法を極めたいと思えば、経理や経済学の研究に人生を捧げることもあるでしょう。ほかの人たちの経済的自立を助けることを目指すかもしれません。

## 家族の領域における目的

大統領の母となったローズ・ケネディは、家族に関してすばらしいミッションを明らかにしています。「私のミッションは世界のリーダーとなる子供たちを育てることです」。同様にすばらしいのが、カタールの首長夫人で、世界中の子供たちのために教育水準を引き上げることに貢献しています。

家族の領域における目的には、パートナーとともに家庭を築き、子供たちにできるだけ多くの可能性を与えることや、パートナーと深い絆を結ぶことも含まれます。さらに、ワークショップやセミナーを開いて、愛情溢れた関係をパートナーやほかの家族のメンバーと築く方法を人々に説くという目的もあるのです。

## 社会・人間関係の領域における目的

社会の領域において目的を持っている人物の非常に良い例が、オプラ・ウィンフリーです。アメリカ史上最も視聴率が高いテレビ番組のトークショーに出演していたことで有名です。また、世界の人々がつながる強力なネットワークの基盤を築くことが目的になることもあります。組織や販売網、会社のイベントをまとめたり、個人的、職業的に人とつながるための手段に引きつけられたりするかもしれません。

この領域における人生の目的は、社会起業家を目指すことかもしれません。例えば、発展途上国の生活水準を上げてその国の人々を助けるために、寄付金を集めるという具合です。信じるものを象徴する社会運動を興すため、多くの人々を1つにまとめる夢を持つかもしれません。そうすることにより、共に何かすばらしいことが成し遂げられるからです。または新しい流行のリーダーになること、スピーチの名人になることが、あなたの目的かもしれません。

## 身体の領域における目的

例えば、あなたはランス・アームストロングのようになりたいとか、ミスユニバースに選ばれたいと思っているかもしれません。身体の領域における目的は、健康に関することや体をきたえること、演技やダンスをすること、モデルになることなど、活動に伴うトレーニングによって得られる身体の状態など、非常に広い範囲に及びます。私は教えることと癒すことをこよなく愛しているので、9年間、脊椎《せきつい》の状態と心身の関係を専門とするカイロプラクティックのドクターとして施術をしていました。私は自分の目的を果たそうと、大きなカイロプラクティックセンターを建設し、毎週、数百人の人に手を当てて脊椎や身体のゆがみを整え、同時に心を癒していたのです。

筋力とスタミナをつけ、スポーツやボディビルの試合に出場することも、身体の領域における目的です。また、コミュニティ内でレースやウォーキングを開催したり、近所の人たちと一緒にヘルシークッキング・クラブを始めたいという夢もこの目的の一例です。

## 自分のミッションを明らかにする

７つのどの領域にいちばん強くかかわっていても、自分の人生でやりたいことをあなたはすでに知っているのです。心が成し遂げたがっているものが何か、自分に問いかけてみましょう。欠落していると感じるものは何だろうか。何度も繰り返し経験したいと思うことは何か。何にわくわくするだろうか。朝、飛び起きて、毎日したいと思うことは何だろうか。

自分の目的を声明文にして書き出すこと、つまり、人生の目的を書き出したミッション・ステートメントを作成することは、自分の最高の価値観についてわかったことや何に人生を捧げたいかということをまとめるのに、とても効果的な方法です。

書き進めていくうちに気がつくことがどんどん広がっていき、あなたの目的の細かい部分や完全には理解できていなかったことが、最終的にはクリアになります。あなたはミッション・ステートメントを、とにかく納得するまで繰り返し書き直してください。そうして、それを読み上げたり、ほかの人と見せ合ったり、そのことを考えることで、あなたは勇気づけられ、エネルギーが満ちていくのを感じるでしょう。

## ワーク2　自分のミッションを書き出してみよう

次のステップに従って始めてみましょう。

1. パソコンでワープロソフトを開き、新しいファイルを作成してください（日記や白い紙を使ってもかまいません）。
2. まず価値観の優先順位を確認しておきましょう。
3. 次にこれまでで最も心が動かされた経験を思い出してください。
4. その経験から、あなたにとって本当に大切なことは何か、気がついたことは何ですか。書き出してみましょう。
5. あなたが憧れている人に共通するテーマや特徴を書いてください。
6. 今まであなたがとった有意義な行動や、今まで培ったスキルを書き出してみてください。
7. 2〜6を基にして、ミッション・ステートメントを書いてみましょう。

次に人生の目的を書き出したミッション・ステートメントの例を示します。

●私は自分と世界に対して宣言します。私の人生の目的は、ギターをマスターすることです。そして世界中を回り、たくさんの人に私の音楽を聴いてもらい、質の高いエンターテイメントを提供します。

●私は自分と世界に対して宣言します。私の人生の目的は、生涯の伴侶となるパートナーと深い絆を築き、手を取り合って障害を乗り越え、子供を育て、すばらしい家庭をつくることです。

●私は自分と世界に対して宣言します。私の人生の目的は、私の選んだ分野での偉大な教育者となることです。そして教えることに人生を捧げようとする人々のための学校をつくることです。

●私は自分と世界に対して宣言します。私の人生の目的は、宇宙の果てに行き、宇宙で初となるホテルをつくり、スタイリッシュで安全・快適な宇宙旅行を提供します。

私は自分のミッション・ステートメントを40年近くリライトし続けてきました。そして現在は次のようになっています。

●**私は自分と世界に対してここに宣言します。私の人生の目的は、人間の行動を専門に研究し、人間の意識と可能性を最大限に引き出す教育者および哲学者としてこの身を捧げることです。世界を旅することは私のミッションであり、地球上のすべての国に足を踏み入れ、研究の成果を伝え、人々の人生を高めて豊かにする助けをします。**

自分の目的を書き出して間もない頃は少しぎこちなく感じますが、時間の経過とともにはっきりと理解するようになり、確信が持てるようになります。自分に言い聞かせてください。

「私は、自分のすばらしいところを、しっかりと見出すことができる」

**あなたのいちばん大切な価値観、つまり人生の目的と同調しているときには、あなたの内なるすばらしさは自然と発揮されます。**あなたは毎日、自分のミッション・ステートメントを読み上げ、頻繁に書き直して、常にそこからエネルギーをもらえる状態を保ちましょう。

まずは、今日作成したミッション・ステートメントを２７４ページに書き移しましょう。

## 第４章のまとめ

◉人生の目的は最大の欠落を、最大の価値観で埋めることにあります。

◉人生の目的は、７つの領域のどれか、または全部に関係しています。

◉ミッション・ステートメントを書き、繰り返し書き直せば、自分の時間とエネルギーを最終的に何に注ぎたいか明らかになります。

**アファメーション**

▽「私は自分のすばらしさを見出すことができます」

▽「私は、人生でやりたいことを知っていて、それを追求します」

▽「私は人生の目的の細部にいたるまで、すべてはっきり見えています」

▽「私には人生の大きなミッションがあります」

# 第2部

# 人生のスキルを磨く

*Master life skills.*

# 第5章 コミュニケーションの達人になる

「ほかの人が望むものを手に入れる手伝いができれば、
自分の人生でも欲しいものが手に入る」
ジグ・ジグラー（講演家）

人生で何かを成し遂げるためには、効果的なコミュニケーション能力を身につける必要があります。コミュニケーションが上手になれば、周りの人は、あなたの長期的、短期的な目標の実現に喜んで手を貸してくれるでしょう。

コミュニケーションとは、言葉や表情によって情報を伝達することだけでなく、「聞いてもらい、理解してもらう」ことを意味しています。この章で身につけたいコミュニケーション能力というのは、**「自分の大切なものを説明するときに、相手の視点から話をする能力」**です。

上手なコミュニケーション能力を身につけることで、友人やかかわりを持つ人たちとすばらしい関係を持てるようになったり、自分の夢を家族と分かち合ったりできるようになります。ほかの人を大切にするなら、あなたは時間をかけてまずは相手の価値観や願望を知ったあとで、自分の価値観を相手に伝えていくことでしょう。

## 正反対の価値観で、あなたを補ってくれる人

紀元前５００年前のギリシャの哲学者、ヘラクレイトスは、「誰にでも、この世界に、自分とまったく正反対の価値観を持つ人間が存在する」と信じていました。あなたの価値観を補ってくれるかのような正反対の価値観を持つ人が必ずいて、その人はあなたにとって価値のないものを価値があるとみなし、手に入れたいものもあなたとまったく異なります。

誰でも自分の欠落を埋めてくれそうな人を引き寄せがちですが、引き寄せられた人たちの価値観はあなたと真逆なので、今まできちんと評価していなかったものの価値をあなたは知るようになります。こうしてあなたはさまざまなものの見方を学んでいきます。

哲学者アリストテレスや、フランスの哲学者のモンテーニュもつりあいを取るために正反対の慣習が社会や家庭に存在することを著書の中で明らかにしています。

あなたも、親族や友人を観察してみると、正反対の者同士がペアになっていることに気づくでしょう。例えば、頑張り屋とのんびり屋、放浪型と定着型、学者タイプと実践タイプです。

あなた自身もときどき、自分が両親や兄弟とあまりにも違うので不思議に思うことがあるかも知れませんが、これは単に個人が特有の価値観の優先順位を持っているというだけなのです。あなたは自分だけのきわだった特徴と願望を持っていて、それは世界中の誰とも同じでなく、指紋や網膜パターンのように個人に特有なものだということを覚えておいてください。

**あなたが周りの人と上手にかかわるための鍵は、相手の価値観に敬意を示し、相手の価値観に基づいて、自分の価値観を伝える技術を学ぶことにあります。**ほとんどの人は、自分の価値観のほうが優れていると思い込んでしまっていて、別の優先順位を持つ人を間違っているとか、つまらないと思っています。

誰かがあなたの価値観を支持してくれると、あなたはその人を「いい人」だと評価し、心を許します。逆に、その人があなたの価値観に合わないようなことをすると、あなたはその人を「いやな人」とみなし、心を閉ざしたくなるでしょう。しかし、他人の価値観よりあなたの価値観のほうが優れているとか、成熟しているなどとは決して思わないでください。いずれその人の価値観が変わり、あなたの価値観と同じになると期待しているかもしれませんが、それもありえません。

それぞれが価値観の優先順位に基づいて行動しているだけで、誰が正しいとか、間違っているとかはありません。すべての人々は、ありのままの自分と、自分にとって大切なものを愛してほしいと願っています。それはあなた自身が、ありのままの自分を受け入れてほしいと思うのと同じことです。相手を変えたいという衝動にふりまわされないでください。そんな気持ちを手放して、相手に関心を持ち、その人の真の姿を称えましょう。

## 「気にしない」「気にする」「気にかける」の違い

自分の価値観が正しくて、ほかの人の価値観は間違っているという考え方を持っていると、あなたは自分だけが正しいと独善的になって、自分の信念を他人に押し付けるようになります。これが、「気にしない」ということで、自分の価値観より他人の価値観を軽く見ている状態です。あなたが「気にしない」とき、周りからの反発に遭います。それは相手にとって重要でないことを強要しているからで、たいていの場合、期待できるような成果は得られません。

相手があなたに夢中になっていて偶像化していないかぎり、相手は自分が持つ本来の価値観に立ち返ります。もし、あなたをもてはやす人がいるなら、その人は自分の価値観を犠牲にしてあなたを喜ばせようとしているのです。しかし、もしその人が自分にとって大切なことをあきらめているなら、本当の目的を我慢することになり、フラストレーションが溜まっていくことになるでしょう。その人は、自分の本来の価値観を認めてもらえずに、あなたの価値観を押し付けられたことに、ゆくゆくは憤りを感じるのです。

そしてもし、あなたが逆の立場になって、誰かを崇拝し、その人の価値観を自分の人生に取り入れようとするなら、それは、自分自身を小さくすることにほかなりません。これが「気にする」という状態で、他人の価値観を自分の価値観よりも重く見ています。あなたは本来の自分ではなく、ほかの誰かになろうとし、常に他人を喜ばせようとして、おどおどしてしまいます。このように自分を小さくしてしまうと、しだいに憤りを感じるようになりますが、それは、あなたが人生で本当に大切なものを犠牲にしているからです。

この2つの状態では、どちらも「ひとりごとの会話」が生まれ、効果的なコミュニケーションは望めません。つまりわかりやすく言うと、あなたが話をしているとき、相手はそれを聞かずに自分が次に何を言うかを考えているということです。そして、相手が話している間は、あなたも同じことをしています。こうした一方通行の「会話」からは何も生まれません。

それでは、もし相手の価値観の優先順位を、あなたの優先順位と同じようにすばらしいと認めたときはどうなるでしょうか。これが「気にかける」という状態です。あなたは、相手の価値観を満足させながら、自分の価値観を相手に伝えることができますし、また、相手も同じようにしてくれるでしょう。もしあなたが、周りの人の望みを叶える手伝いをするなら、あなた自身の望みも叶うのです。それには、思考の幅を広げて、その方法を学ぶ必要があります。「気にかける」ことは、人間関係をいきいきしたものにします。あなたの最高の価値観が、あなたのアイデンティティーを表現していることを忘れないでください。誰も偶像崇拝されたり、その反対に、誰かの期待に応えようと、常にプレッシャーを感じていたりしたいと思ってはいません。**人は自分以外の誰かにはなりたくないし、なろうとしたところで無理なのです。**

## かわいい女の子は、賢い男の子が好き

私は以前、ある父親に、19歳の息子を「更生」させてほしいと頼まれたことがあります。

「息子は成績が悪く、注意力は散漫で、だらしないのです。毎晩のように外出し、酔っ払って帰ってきます。息子には、経済的にも仕事の上でも成功してほしいのですが、あのままではどうにもなりません」

その青年に会って、彼が大切にしているもの、彼が学校に行っている理由、彼の関心事について話を聞いたあと、私はこう尋ねました。

「で、今、君の人生でいちばん重要なものは何？」

彼は笑顔で答えました。

「かわいい女の子たち！　わかるでしょ？」

彼はホルモン分泌が活発な19歳。それ以外に関心は持てなくても仕方ありません。私は彼がそのとき履修している課目をリストにまとめ、彼にとって最も価値のあること、つまり「かわ

いい女の子」と書きとめました。そして、質問を続けました。

「で、女性は何が好きだと思う?」

彼は、女性はショッピングと成功した男性が好きだと思うと答えました。そして、女性にとって、男性の成功のバロメーターは、富と知性だと言いました。そこで私は、女性に好かれる条件である富と知性を手に入れるために、君は今、何をしているかと尋ねたのです。

彼は、私が何を言いたいのかを理解しました。彼の父親と女性が、同じ成功のバロメーターを持っていることに気づいたのです。

「父も僕に、経済的に成功してほしいと思っている!」

「そう、そうして君がお父さんの期待に応えていないから、お父さんは君に不満を感じているんだよね?」

「そうなんだ。もし見捨てられたら、マズいことになる!」

その後、どんな勉強の仕方をしているか、履修課目に必要とされていることは何か、などと2人でしばらく話し合った後、私は2つの女性のタイプ、「優秀な男性が好きなタイプ」と「男性の手助けをするのが好きなタイプ」について話しました。「優秀な男性が好きなタイプ」の女性とは、男性の知性に魅了されるタイプで、「男性の手助けをするのが好きなタイプ」の女性とは、男性の勉強を手伝うことを喜ぶタイプです。例えば、クラスでいちばん魅力的で優秀な女性の元へ行き、真摯に助けを求めれば、勉強を手伝ってくれるかもしれないと私は彼に伝えました。つまり、彼がしっかり勉強して学校でいい成績をあげるなら、半分の女性（「優秀な男性が好きなタイプ」）から注目されることとなり、また一方で、謙虚に助けを求めるなら、残り半分の女性（「男性の手助けをするのが好きなタイプ」）と一緒に勉強する機会が持てるのです。

話し合いが終わったとき、この若者は、勉強することが、いかに彼の最高の価値観と合っているか、はっきりとわかりました。私は彼が履修するすべての課目を女性（彼の言葉だと「かわいい女の子」）と関連づけました。彼は急に活気づき、父親が身につけてほしいと思っていたことに関心を向けるようになりました。

彼はにっこりと笑みを浮かべて言いました。

「僕のセラピストは、こんなこと教えてくれなかったよ」

2カ月後、再びその青年に会うと、成績はアップしていて究極の目標だった「女の子たちにモテる」は達成されていました。すっかり息子のことが自慢になった父親から、この短い期間に、これほどすばらしい学業と人格の向上を促した方法を教えてほしいと言われた私は、ここで明らかにしたことと同じ説明をしました。私がやったことは、この若者が持つ特有の関心事を利用して、彼にとって最も大切なものの観点から、父親の価値観を伝えたことでした。

## 「売る」ためのコミュニケーション能力

人は、常に自分の最高の価値観に従って生きるものです。人生や人間関係でうまくやっていくためには、自分以外の人の価値観と、その特色を快く受けとめることが大切です。ほかの人の価値観を変えたいとか、自分の価値観と同じであってほしいと期待してはいけません。相手の価値観を受けとめることは、友人や家族の間では「気にかける」ということで、親密な人間関係以外のところでは、それが「売る」ということになります。

例えばショッピング中、店員がやってきてあなたの必要なものを理解し、まさに探していた商品の説明を始めたら、すっかり心を開き、商品を買おうという気持ちになるのではないでしょうか。逆に、もし店員があなたが興味のないものを勧めようとするならば、あなたは打ち解けようとはせず、なるべく早くその場を去りたいと考えるでしょう。

あなたが、ほかの人とアイデアやスキル、製品、さらに人生の目的について話をしているときにも、同じ原理が当てはまります。あなたが相手の価値観とニーズを見極め、相手の大切なものを通して、あなたが持っているものや欲しいものを伝えるなら、相手は心を開いて受け入れようとしますが、それはあなたが相手の価値観を「気にかけた」からです。

「抵抗する顧客」などというものは存在しません。彼らは単に、独特の価値観を体現している個人なのです。あなたが彼らの大切なものを通してコミュニケーションをとろうとしなければ、当然、反発に遭います。相手が反発してくるなら、それは「相手とつながりができていず、相手の価値観を気にかけていない」というサインなのです。あなたが相手の大切なものを知り、相手の価値観を満たすとき、あなたはとてもパワフルに「売る」ことができます。

**「売る」ことは「伝える」ことではなく、「聞く」ことです。**もしあなたが、きちんと気配りができる、謙虚で、自信とエネルギーに満ちているセールスマンなら、顧客になりうる人たちの欠落を埋めるために、有意義な問いかけをするでしょう。相手の話を注意深く聞けば、相手は心を開き、本当に欲しいものを教えてくれるので、彼らの価値観やニーズを簡単に見極めることができます。実際には、顧客自身が自分自身を売っていることに気づけばいいのです。

この「気にかける」ということを心がけておけば、あなたはコミュニケーションの達人となります。思いやりを持った表情で、相手の言葉に注意深く耳を傾け、相手の価値観に心から配慮してください。これによって、あなたに力を貸してくれる人々に出会う可能性が大いに高まります。あなたが相手の価値観を、自分の価値観の裏返しとして尊重できるなら、あなたは真のコミュニケーション能力を身につけたといえるでしょう。

## ワーク3　相手の価値観を通してコミュニケーションする方法

他人の価値観を引き出しながら、コミュニケーションをとる方法を学びましょう。

1. 誰かにお願いをする状況を考えてください。ここでは、あなたは高校生で、友人を訪ねるために、父親の車を借りたいと思っているとしましょう。
2. 父親が持つ価値観の優先順位のうち、1位と2位は何だと思いますか。7つの領域を思い出して、それを書き出してください。例えば、あなたの父親にとって大切なものは、ビジネスとお金だとします。
3. この2つの価値観を満たすため、あなたは何をできるか、10通り以上、考えてみましょう。例えば、こんなふうに父親に言うことができます。「車を貸してくれれば、タイヤの圧力チェックと洗車をします。そうすれば、月曜日の出社時にはお父さんの手間が省け、時間の節約になるよ」とか、「車を貸してくれたら、私のお金でガソリンを満タンにして返します。そうすれば、お父さんは必要なときにすぐに車で会社に行くことができるよ」などです。

## 第５章のまとめ

◉誰もが価値観の優先順位を持っています。

◉あなたの価値観の優先順位を、正反対の価値観で補ってくれる関係の人がいます。正反対の価値観を持つ人は、家族や友人などの近い関係の中にしばしば見られます。

◉あなたは自分の価値観を通して世界を見ていて、世界の完全な姿は見えていません。しかし、ほかの人の価値観を知ることにより、ものの見方を広げることができます。

◉ほかの人に自分の価値観を押し付け、ほかの人の価値観を変えて自分と同じにしようとするのは、「気にしない」という行為です。ほかの人の価値観を自分の人生に入れて、自分を変えて、ほかの誰かに自分を近づけようとするのは「気にする」行為です。

◉上手なコミュニケーション能力を身につけるとは、あなたとほかの人、それぞれにとって、最も大切なものに「気にかける」能力を手に入れることです。

**アファメーション**

▽「私は、他の人が人生で大切にしているものを知るための時間をとります」
▽「私は、すべての人間関係で、上手にコミュニケーションをとることができます」
▽「私は、思いやりを持って、相手が大切にしている観点から、自分の大切なものを伝えます」
▽「私は、周りにいる人の価値観を尊重し、認めます」

# 第6章 好きなことをしてお金を稼ぐ

「好きなことをしなさい。お金はあとからついてきます」
マーシャ・シネター（作家）

もしもあなたが自分の天職を見出し、いきいきと生きながらお金を稼げるとしたら、あなたの人生にどんなことが起こるでしょうか。人生の目的を追い求めることで、富を築けるとしたら、どんな気分になれるでしょうか。

初めに、そもそも人間がどうやって通貨を使い始めたのか、少し歴史を振り返ってみましょう。「取引する」という概念は、物と物を交換したところから始まりました。古代文明の頃、人々が取引に使ったものは、動物、穀物、貝殻、そして鉛、銅、青銅、さらに、銀や金とそのほかの価値ある資源で、それらを生きていくのに必要なものを得るために交換しました。

時代が進むにつれ、取引の方法は進化し、物の代わりに硬貨が使われるようになりました。しかし、人々が裕福になると、貴重な金属がずっしり詰まった袋を持ち歩くことは難しくなり、盗難に遭うリスクも増えました。その結果、商取引には紙のお金が使われるようになり、さらに時代がもっと進むと、現代の私たちが利用しているクレジットカードなどが普及します。インターネットが利用できる今日では、自宅にいながらにして、取引ができるようになりました。

いつの時代も変わらないのは、すべての人が利用できて、価値を交換できる取引の手段が必要とされていることです。お金は、どんな形であっても、私たちが与えたり、受け取ったりするサービスを評価するための最も効果的な道具だといえます。

## 人の活動は経済によって測ることができる

私は、すべての人が価値のある仕事を提供できるということを知っています。以前、グッドウィル・インダストリーズというハンディキャップのある人たちに雇用支援を行っている非営利団体で講演をする機会がありました。そこではホームレス、腕や足を失った人、目が見えない人、その他の精神的、肉体的に障害を持つ人たちが数多く働いています。その団体はそこで働く人たちの能力をきちんと評価していました。彼らを信頼し、威厳と生産性を損なうことなく、才能を見出して仕事を与えていたのです。

私が講演をするためにグッドウィル・インダストリーズに到着すると、大きな部屋の中で75人ほどの人が、はつらつと作業している姿が目に入りました。腕のない人が、口に工具をくわえてボタンの色分けをしていて、別の人が大きさを選別する機械にボタンを入れています。寄付された布地から、キルトに使える部分を切り取っている人もいます。何かを縫っている人や靴を修理している人もいました。私が気づいたのは、すべての従業員が、懸命に働いていることでした。元気を与えるメッセージを送る役目の私が、逆に彼らの働きぶりに深く感銘を受けたのでした。

あなたが世の中に提供したいと思うものが、たとえどんなものであっても、報酬を受け取る方法があります。どんなものでもです。そのお金を稼ぐ方法について考え方を変えていくことが必要です。今からそれを説明しましょう。

## 起業家精神を持つ

起業家は、何か新しいことを始め、リスクと報酬の兼ね合いを意識しながら、さらに財務管理を行います。このような起業家精神をできるだけ若い時期に身につければ、自分の好きなことをして財を築こうとする際に、非常に有利になるでしょう。時間と才能を最大限に活用して、世の中により大きな影響を与えていけます。

例えば、あなたはミュージシャンで、友人らとバンドを組んでいるとします。現在のところ、週2回夕方に集まり、練習をしています。１週間おきに地元のバーで演奏を行い、時給制で報酬をもらっています。このバーの出演料が、現在のバンドにとって唯一の収入源です。

では、どうすればバンドを次のレベルに上げることができるでしょうか。提供する音楽の価値に見合った報酬を得る別の方法はないでしょうか。それにはまず、現行の時給で支払われるバーの演奏に加え、入場料を取って別の会場で演奏することです。より多くの観客を集めるために、チラシを配布したり、友人や家族にメールを送ったりして、次回演奏する日程を知らせます。このように、まずはあなたの時間とネットワークを、より有効活用するのです。

次に演奏を録音したＣＤを作って販売したり、興味を持ってもらうために配ったりすることができます。また、バンドに関連したグッズや宣伝ツールを作ることもできるでしょう。その例として、ウェブサイトを立ち上げ、お客がＣＤを購入したり、音楽をダウンロードするためのオンラインショップを設けたりすることができます。これによって、あなたが現場にいなくても収入を生み出すことができます。また、あなたがその場で演奏していなくても、あなたの音楽を聴くことができたり、口コミで勧められたりすることで、ファンを増やすことができます。ファンが増えれば、それがバンドにとっての励みとなり、メンバーそれぞれが音楽の技術をもっと高めようと思うでしょう。

ここでは、起業家のように考えて、バンドを新しいビジネスモデルとして扱ってみました。演奏するという点では、それまでの時給で稼いでいるのと同じなのですが、収入だけを考えるのではなく、同時に社会の認知度とステータスを上げる工夫をしているのです。

別の例を挙げてみましょう。私はヒューストン大学に在籍していたとき、よく勉強を人に教えていました。専門学校に進むと、ほとんど毎日その日に学んだことを夜間に教え、それによって得た収入で、教育費のほとんどを工面することができました。また、そんな機会を自らつくり出したことで、自信を深めることができ、自分を宣伝していくやり方も学びました。そうやって身につけた自信や宣伝方法が、今日、私が多くの人に知られるようになるために役立ったのは言うまでもありません。

あなたもクラスメートの勉強を手伝ってお金を稼ごうと思いつくかもしれません。ぜひ、そのアイデアをもっと発展させてみてください。1度に2人以上のグループで教えるのはどうでしょうか。オンラインで家庭教師のサービスを提供することもできます。あなたが教えるのに費やす時間は同じですが、1人だけを教える場合に比べたら、収入は10倍か、それ以上が見込めます。あなたが教えていることを記事にすることもできます。

こんなふうにステップアップを繰り返し、自分のやっていることを公にしていくことで、あなたの知名度は高まり、結果的に生徒の数は増えていきます。そして、ある程度の収入を手にすることができれば、それがさらに勉強する励みとなり、授業の内容をもっと理解して、教え続けようとするでしょう。これによって、あなたは自分の専攻をマスターできるだけでなく、貴重な実務経験を積むことができ、仕事で一歩先んじることができるのです。教えることが、学ぶのにいちばんいい方法だということも覚えておきましょう。

**起業家精神でものごとを考えると、あなたができることに制限はないとわかります。**人生いつでも自分の時間とエネルギーを使って他人に奉仕し、その報酬をたっぷり得ていいのです。それがあなたの当然の権利なのです。

この考え方を理解はできても、「ものを売る」ことには、まだ抵抗を感じるかもしれません。それは昔からの思い込みによるものです。「売る」とは、お人好しの客に中古車を売りつけるとか、無理に客を説得して不必要なものを買わせることだと、いまだに信じているからです。しかし実は、売るものが物でもアイデアでも、誰かが何かを売るまでは、この世界では何一つ起こらないということを知っておいてください。

## 500万ドルあったら何をしますか？

ずいぶん前、私が経営する会社のマネージャー職に応募してきた男性を面接したときのことです。その男性が笑顔で私のオフィスに入ってきたとき、とても聡明そうに見えました。握手をしながら、私の目をしっかりと見て、自分はそのポジションに適任であり、応募するチャンスを与えられて感謝していると言いました。

イスに座ると、私はこんな質問をしたのです。

「もし私があなたに500万ドルの小切手を差し上げたら、あなたはそれをどうしますか?」

そして、私はその場で小切手帳を取り出し、男性の名前を宛名の欄に書き始めました。小切手を書き終えてから、男性にそれを見せ、名前のつづりが正しいか尋ねました。

もしも、あなたが仕事の面接を受けているとき、雇い主になるかもしれない人が、突然数百万ドル分の小切手を渡そうとしたら、あなたはどんなふうに思うでしょうか。彼は小切手と私を交互に見つめ、何と言えばいいのかわからない様子でした。

「500万ドルです。もしこれをあなたにあげたら、あなたは一生、1日たりとも働かなくてすむでしょう。さあ、何をしますか?」

男性はイスの背にもたれ、大きく息を吐きました。彼は素の自分に戻っていました。

「もしも働く必要がなく、お金があるなら、私は趣味に専念しますよ」

何をするのが好きかと聞くと、彼は木工に夢中だと答え、もしもお金が十分にあるなら、1日中、工房にこもって家具を手作りするだろうと言いました。

彼の答えを聞いて、私は立ち上がって言いました。

「ありがとう。もう結構です」

彼もゆっくり立ち上がりました。

「面接はもう終わりですか？」

私はそうだと答えました。

「採用ですか？」

「いいえ、残念ながら」

「いったいどういうことなんでしょうか、ドクター・ディマティーニ。もしよろしければ、これほど早く結論を出した理由を教えてほしいのですが」

「単純明快です。私はマネージメントの担当職を雇うつもりなのに、たった今あなたは人生で働く必要がなければ、家具を作るとおっしゃいました。あなたに優れたマネージメント力があるなら、なぜ自分の人生をマネージングして好きなことをやらないのですか。自分の人生をきちんとマネージングする方法がわからない人を、私は雇おうとは思いません」

「確かにそうですね」男性はうなずきながら言いました。

「思わず本音が出てくるような質問でした」

彼は私と握手すると、少し意気消沈しながらも、考え込んだ様子で帰っていきました。

3週間後、私がオフィスにいると、その男性が再び訪ねてきました。彼は茶色の大きな紙袋を持って現れ、面接をしたときのイスに座り、言いました。

「ドクター・ディマティーニ、お礼を言わせてください。数週間前にあなたから言われたことは、それまで考えてもみなかったことでしたが、おかげですっかり私の人生は変わりました。3カ月間、仕事を探した末にようやく気がついたのです。自分の好きなことをやり、それで食べていくことを考えてみればいいじゃないか、と。今、自分でビジネスを起こし、家具を作っています。あの質問をしてくださり、ありがとうございました。まさにそのとおりです。私がマネージメントを本当に得意とするなら、自分の人生を思いどおりになるようマネージングすればいいのです」

そして、彼は紙袋から私のオフィスにぴったり合った手作りの木製ティッシュケースを取り出し、プレゼントしてくれました。

もしあなたがいきいきとしていなかったり、自分の職業が好きでなかったりした場合、それは勤めている会社とあなた自身、両方にとって膨大な損失です。反対に、朝起きるのが待ち遠しいほどその仕事が好きなら、会社もあなたも経済的に大きな恩恵を得ることでしょう。あなたがいきいきと働き、それを人に役立てることに変えていけるのなら、それ自体が非常に価値のある投資となるでしょう。

## ワーク4　いきいきと働ける仕事を探す方法

1. 価値観の優先順位を確認し、あなたが高い能力を発揮できると思う分野のトップ3を書いてください。例えば、それが「家族、健康、美しさ」だったとします。
2. あなたが今まで周りの人にしてあげたことを書き出してください。例「姉が新居に引っ越すのを手伝いました。息子のサッカーチームがリーグの決勝戦に進出できるよう、チームのコーチに協力しました。公園でゴミ拾いを手伝いました」
3. あなたが持っているスキル、長所、才能の中で、他人に提供する価値があるものを書き出してください。例えば、スキルなら、早く読める、数字が得意、チームプレーができるなど。長所なら、体力と持久力、知力、思いやりなど。また、才能については、速く走れる、サッカーが得意、歌が上手などが挙げられます。
4. 3の中で、やる気を感じ、他人のためにしたいと思うものに丸をつけてください。
5. その後で次の質問に答えてみてください。このサービスを誰に提供できるだろうか。また、誰がそれに対して喜んでお金を払ってくれるだろうか。
6. 誰が、どの団体が、あなたのスキルと才能をありがたいと思うか、実際にピックアップしてください。

ここでリストにした才能と長所、スキルを使い、あなたはほかの人のために何ができるでしょうか。

それは、子供のためにサッカー教室を開くことかもしれませんし、学生に読書の仕方や数学を教えることかもしれません。または、家族が運動するのを手伝うというのもあるでしょう。好きなことのリストが長くなればなるほど、可能性は広がります。誰に何ができるかを考えるとき、まず自分の近くにいる人たちのことを思い浮かべ、彼らが何を必要としているか考えましょう。次に、そこで考えるのをやめずに、あなたの住む市町村や国、さらに世界へと思いを広げてみましょう。あなたが好きなことをして周りにきちんと価値を提供し、それに対してきちんと対価を受けることで、あなたの影響力は限りなく大きくなるのです。

## きちんと提供し、きちんと受け取る

好きなことをしてその対価を受け取るとき、その価値の交換はフェアであるべきです。与えることと受け取ることがフェアに行われていて、ニーズがかみ合っていることを確かめましょう。あなたが誰かに何かをしてあげる際に、いつもフェアな価値の交換ができれば、怖れや罪悪感などを持つことなく、サービスを提供してその対価を受け取ることをありがたいと感じるでしょう。

あなたが好きなことをしてお金を稼ぎ、人生の目的を成し遂げていくと、ほかの誰かが経済的に困るのではないかと思うかもしれません。またその反対に、ほかの人が好きなことをして報酬を受けるのなら、あなたが経済的に、追い込まれるのではないかと怖れているかもしれません。しかし、あなたの利益とほかの人の利益のバランスをとることは、とても有益なのです。それによってあなたのサービスとその対価がつりあいます。

フェアな価値の交換をすることで、フェアでない価値の交換をすることよりもスピーディーに財を成すことができます。不公平な交換とは、ちょっとした仕事に高い料金を払わせたり、自分の価値を低く見積もり、その労力にふさわしい代金を取らなかったりすることです。意識してフェアな価値の交換をする努力をしないと、不公平な交換がどんどん増えていき、自分が価値を置いている人生の領域に集中することが難しくなります。そして、気持ちが暗くなり、あなたの本来の夢の実現を阻害してしまうのです。

人はみな、仕事をしたときはきちんと認めてもらいたいと思うものですが、フェアな価値の交換は、それを実現するシンプルな方法です。フェアな価値交換には人を動かす力があり、そうやってサービスを提供してくれた相手に感謝を表現することで、人生で出会うどんな人とも、コミュニケーションをとって協力し合うことができます。その相手とは、上司や従業員、また、友人、近所の人、兄弟、そしてパートナーかもしれません。

人生を通してフェアな価値交換をするよう、意識しながら努力してください。「誰に、何を提供するか」は問題ではありません。フェアな価値交換をすることで、継続的にあなたと周りの人の価値の両方を高めていくことができるのです。

## 世の中におけるあなたの価値

あなたが自分で自分の欠落を埋め、価値観を満たすことができれば、あなたは自分自身を高く評価するようになります。同じように、あなたがほかの人の欠落を埋めることができれば、あなたはその人にとって価値ある人物となるでしょう。自分のクセをよく理解し、成長を続けるなら、あなたは自分の価値、可能性や意識を高めることになるので、社会にとって、より価値のある人物となります。**「ビジネスを行う」ということは、簡単に言えば「人々の価値観を満たす活動を行い、その見返りにお金を受け取る」**ことだと言えます。

人生の７つの領域のうち、あなたが最高の価値を感じている領域において、あなたはすばらしいものをほかの人に提供することができます。ほかの人の欠落を埋めることはどんなことでも、あなたが好きなことをしてお金を稼ぐチャンスになります。お金は、よりありがたがられるところに流れていくのを知っておいてください。それを意識して、チャンスを掴んで行動していくなら、収入が得られないということはありません。

誰でも、すでに巨万の富を持っています。富というのは、サービスとして金銭的に交換することができる内なる豊かさのことです。人生における豊かさは常に存在しています。

例えば、もし、あなたにとって大切なものが知性の領域にあるとすれば、あなたの富はアイデア、研究、知識、洞察力という形になって存在しています。もしも大切なものが身体の領域にあるならば、美しさ、健康な筋肉の状態、柔軟性、持久力などがあなたの持っている富です。人間関係と家族の領域が大切なら、あなたの富は、家族や共に時間を過ごす人たちとの関係やその経験そのものです。富は常にあなたの最高の価値観と関心を寄せている領域に存在しています。

かつて私は、経済的に困窮している社交界の有名人と知り合いました。彼女は素敵なドレスを1着だけ所有していて、パーティーに出席するたび、それを着用していました。彼女に会うと、その外観からけっこう裕福な人だという印象を受けます。でもそれは、彼女に複数のイベントで会わなければ、の話です。それでも、彼女は自分から挨拶をして、アメリカの有力者らと人間関係を築いていました。

実はお金に苦労している、と彼女が私に告白してくれたので、私は言いました。

「あなたはいとも簡単に大物たちと仲良くなっていますよね。でも、ご自分のことを『お金もうけは得意ではない』と思っているのですね」

この女性は、ネットワーク作りの才能を持っていましたが、それを自覚して、ビジネスチャンスとして活用することを考えてはいなかったのです。

そこで私はこんな提案をしました。

「それでは、まずあなたが企業のトップに自己紹介し、次にあなたの知り合いの中でそのトップとビジネスができるような人物を紹介して、紹介料を取るというのはどうでしょう？」

「まあ！　そんなことをしたら嫌がられませんか？」

「それで大きなビジネスが生まれ、お金がもうかるなら、誰も文句は言いませんよ」

私は、彼女が影響力のある人物をつなげる会社を設立するのを手伝いました。彼女の役目は、イベントに出席して人々と交流することでした。それは彼女が大好きなことで、生まれながらにして得意なことです。紹介が成功して何らかの商取引が行われるようなら、利益の1パーセントを支払ってもらう契約をしたのです。

この女性は、自分の内側に存在する富に気づき、周りの人にとって高い価値を生み出すサービスを作り出しました。彼女は好きなことをしながら、大金を稼ぎ、自分の課題を克服して、満足のいく人生を送ることができるようになったのです。

**ワーク5　自分の持つ「巨万の富」を確認する**

1. 自分のすばらしいと思っているところを、20以上書いてください。例えば、次のように書けます。「私のすばらしいところは、家族の歴史について詳しいこと、容姿、話をして人に元気を与える能力、優れた運動神経……」
2. 書き出したあなたのすばらしさについて考えてみましょう。今まで意識していましたか？　あなたの価値観の最上位に隠れている豊かさのことを、まずはよく考えてみましょう。あなたの富が、単にあなたの気づかない形で存在していることを受け入れてください。そして、あなた特有の巨万の富に感謝しましょう。

## 第6章のまとめ

◉すべての人間の活動は、経済的な尺度で測ることができます。あなたがしたいことが何であれ、サービスを提供することにより報酬を得る方法が存在します。

◉あなたが世の中に提供できる価値ある労働は、あなたの人生における最高の価値観から現れます。

◉あなたがより多くの課題に取り組み、より多くの問題を解決し、より多くの謎を解き、より多くの問いに答えるなら、あなたは世の中にとってより価値のある存在となります。

◉フェアな価値交換をしていくことで、より世の中に貢献できるようになり、フェアではない交換のサイクルに入らずにすみます。

◉あなたはすでに巨万の富を持っています。そして、それは最高の価値観の領域に存在します。

**アファメーション**

▽「私は、自分の好きなことをし、自分のしていることが好きで、それでお金を稼いでいます」
▽「私への支払いは、きちんと期日を守って適切に行われます」
▽「私は、価値ある自分のためにお金を使います」
▽「私は常にふさわしいときに、ふさわしい場所で、ふさわしい人に会い、ふさわしい取引をします」

# 第7章 7つの怖れを克服し、目的に沿った生き方をする

「その気になれば、どんな怖れも克服できる。
怖れは心の中にしか存在しないものだから」
デール・カーネギー（実業家）

前の章からずっと述べてきたように、あなたは心の奥底では、人生でやりたいことに気がついています。そして、いちばん価値のあることに目覚めて、いきいきと人生を送りたいと願っています。しかし、７つの怖れがあなたの行く手を阻むことがあります。この怖れは、人生の７つの領域と直接結びついています。ここでは、あなたが本来の道を歩むことを妨げている怖れについて述べていきます。

## 1．既存の宗教に対する怖れ

宗教団体が教えている道徳や倫理に背くことを怖れ、自分の人生の目的を「世俗的すぎる」とか「自己中心で、汚れている」などと考えてしまう人たちがいます。この人たちは、自分の内なる声を聞かずに、教会が示す価値観や家族に代々伝わる信仰の価値観に合わせようと努力しているのです。

あなたがある生き方を選んだとき、「低俗だ」と言われたとしても、その判断は、その人の価値観を映したものであり、彼らの優先順位にあなたを従わせようとする思いから生じているだけです。あなたが感じるインスピレーションそのものが、あなた固有の精神性の表れです。

家族のために時間を費やしている人は、子育てが自分の心の成長のための道だと信じています。起業家は、ビジネスで成功することを使命だと感じています。政治家として社会にかかわる人、土地開発で成功を目指す人も、心の声に導かれ、それを自分の目的として捉えています。アルベルト・アインシュタインは、「もし神がいたるところに存在し、全知全能であるならば、すべての人間の経験、行動、努力は神の出現にほかならない」と言っています。

あなたが外界からの影響を受けてしまい、他人の価値観を取り入れてしまうと、その人たちの意見に逆らうことが怖くなります。しかし、最終的にあなたの心を決める唯一のものは、高められた自分自身、言い換えるなら、あなたの内なる魂だけなのです。興味深いことに、多くの伝統的宗教の指導者たちは、たとえその時代の信仰や伝統に背を向けて、別の道に進むことを意味しても、自分の内なる声に従ってきました。時には、困難に逆らうことで、新しい宗教が始まることもあったのです。

## 2. 知性が足りないのではないかという怖れ

人生の目的を達成できるほどの知性を自分は持ち合わせていないと、あなたは思っているかもしれません。しかしそれは、あなたが権力に服従してしまっていたり、あなたよりも知識、創造力、教育などが上だと思い込んでいる人と比べてしまっていたりしているからです。ほかの人があなたよりも優れていると思ってしまうと、あなたはその人を理想としてあがめ、同時に自分の存在を小さく感じてしまいます。

私は、18歳になるまで、本を1冊たりとも最初から最後まで読めたことがありませんでした。自分の学習障害を少しずつですが克服して、読み書きやコミュニケーションがかなり上手にできるようになりましたが、自信が持てるようになるまでの長い間、私は頭のいい人たちをとても怖れていました。

人は誰でも自分の人生において、博士号を持っているのです。あなたより、あなたの人生やその目的について知っている人はいません。あなた以上に、あなたの人生を決める力を持っている人はいないのです。

アイザック・ニュートンもこう言っています。「もし私がほかの人よりも遠くまで見えたとしたら、それは私が巨人の肩に乗ったからである」。あなたも尊敬する人の足元にひれ伏すのではなく、その肩に乗り、自分自身の知性を使って、並はずれたことをどんどんしていってください。あなたはすばらしい知性を持っているのです。自分を卑小化せずに、ぜひ次の質問を自分に投げかけてみてください。私はどの領域で優れた知性を発揮できるだろうか。私は次にどんな世界を目指せばいいだろうか。

## 3．失敗することへの怖れ

あなたが今、まさに歩き始めようとする子供だとしましょう。歩こうとするたびに何度も転んでしまいます。そんなときあなたは何と思うでしょうか。「もうダメだ」ですか？　いいえ、こんなふうに考えるのではないでしょうか。「もう一度やってみよう！」と。もしもあなたが歩くという目的を持っているなら、何度転んでも繰り返しチャレンジするはずです。

あなたが自分を失敗者だと思ってしまうときには、設定した目標があなたの価値観の最上位に沿っているかどうかチェックしてみてください。もしもその目標があなたの本当に望むことではないなら、それ以上追い求めることはなくなるでしょう。そして、もっと夢中になれるものに目標を立て直して動き始めるかもしれません。そうでないと、実際には望んでいないことや、自分についての間違った幻想を追い求め、さらなる失敗へと突き進んでしまいます。もしもあなたの目標が、あなたの価値観と人生の目的に沿っているなら、それを達成するまで、あなたは決してあきらめないはずです。成功と失敗は、あなたの掲げる目標が間違っていないか、そして価値観の最上位に基づいているかを確認するフィードバックにほかならないのです。

目標がはっきりとしていて、それがあなたの価値観に沿っていれば、あなたは目標を達成するためにどんな努力も、どんな代償もいとわないでしょう。人生の目的を追い続ける中で起こる、喜びや苦痛、そしてサポートや反発など与えられるすべてを受け入れるようになります。

たいていの人は人生における成功と失敗を経験しています。しかし実は成功していると感じたときは、しばしば下り坂にさしかかっていて、逆に、失敗だと感じるときには状況はよくなっているのです。**あなたは失敗があるからこそ目覚め、本来の価値観に立ち戻ることができます。**成功に酔ってしまうと、柔軟性を失い、道を踏みはずしてしまいます。コカ・コーラ元社長のドナルド・R・キーオは、失敗が成功を導くと言っています。

「私は常に成功という言葉を怖れてきました。人でも会社でも国でも、成功していると思い始めたとたんに問題を抱えます。みんな傲慢になってしまうのです」

キーオ同様、私も成功したときのつかの間の感情には関心がありません。私は意義ある人生を送ることに関心があるのです。成功と失敗がもたらす感情は正反対ですが、あなたが本来の道を進んでいくなかで、絶えずどちらの感情も経験するでしょう。もしもあなたが成功か失敗かと気にしすぎているようであれば、あなたは自分の提供している労働に集中していないということです。自分の感情ばかりに気をとられてしまっています。自分の気持ちへの関心と、他人への貢献とのバランスが崩れると、このようなことが起こります。腹を据えて目先の欲求よりも、大きな目的に貢献していれば、成功だとか失敗だとか気にすることはありません。

## 4．お金を失うことや稼げないことへの怖れ

好きなことだけをしているとお金を稼げないとか、自分のミッションを追求していくと貯金が底をついてしまうなどと心配する人がいます。しかし、もしあなたが自分のためだけを考えるのではなく、世の中に貢献をしていき、貯蓄や投資をきちんと大切にしているなら、お金を稼げないということはありえない話です。**富を築くための鍵は、「自分のやりたいことを、相手の価値観を通して相手に伝えること」**だということを覚えておきましょう。相手のニーズに関心を持ち、フェアな取引を心がけるなら、お金は入ってきます。

相手が期待している以上のものを与え、公正な料金を請求してください。そうすれば、この世界にはお金に困ることなんてありえないということがわかるはずです。

貯蓄と投資は、お金に関する怖れをすばやく取り除いてくれる強力な方法です。まず自分のためにお金を使えば、あなたの富は加速して増えます。そうすれば、お金が足りないとか失くしてしまうのではないかという心配から、徐々に解放されていきます。

お金に対しての不安があると、心の目は曇り、間違った決断を下してしまいます。しかし、心のバランスがとれて、経済的に健全なら、賢い決断が下せるようになるのです。

## 5．身近な人を怒らせ、その信頼を失うことへの怖れ

人生で本当にやりたいことをあなたの愛する人たちに話したらどうなるでしょう。身近な人はどんな反応を見せるでしょうか。彼らの意見はあなたにとってどのくらい大きな意味を持つでしょうか。あなたが自分の人生における本来の目的を見つけて、彼らに伝えるとき、自分への信頼が失われるかもしれないとか、愛する人たちから拒絶されるかもしれないと気になるかもしれません。

何年も前のことですが、新しく始めたビジネスで苦労している男性に会いました。彼は手にした利益の多くを日本にいる両親へ送っていました。一方で、彼の妻と赤ん坊は貧しい生活を強いられていましたが、その男性は自分のプライドと両親の信頼を失うことの怖れから、収入の60パーセントを仕送りにあてていたのです。彼は実の父親と母親に、自分の家族がギリギリ

の暮らしをしていることを、打ち明けられないでいました。彼の妻がもうこれ以上こんな暮らしを続けるのは無理だと訴えたとき、彼は私の元を訪れてアドバイスを求めました。

私は尋ねました。

「もしあなたのご両親がこの事実を知ったら、ご両親はあなたの家族を自分たちのために犠牲にしてほしいと思うでしょうか」

彼は両親が何を望んでいるかわからないと答えました。

そこで私はもっと深く彼の心を探りながら、こう言いました。

「あなたは、日本の文化的理想にとらわれていて、今の現実を見ていないのではないですか。今、いちばん賢明な方法は、真実をご両親に話してお金の分配をし直すことです。世の中への貢献を続けてビジネスを大きくしてください。会社の収益が上がって再び両親への送金を始めたいと思うならそうしてください。しかし、優先順位が大切です。現在のあなたにとっては、まずは奥さんと赤ちゃんが最優先です」

男性は納得し、勇気を出して両親に真実を告げました。最初はとても恥ずかしいと思いましたが、その話を聞いた彼の両親は、会社がうまくいくまでお金を送らないようにと強く言い渡しました。その後、プレッシャーとストレスから解放されたその男性は、自分のビジネスに集中できるようになって、すばらしい成功を遂げたのです。

これは、あなたが好きなことをして自分本来の道を歩いているときに、大切な人を支援してはいけないという例ではありません。ただ、自分の身近な人はきっとそう思うだろうと勝手に解釈して、自分を犠牲にする必要はないということです。誰かのために自分の目的をあきらめて価値観の優先順位を無視すれば、自分に正直になれなかったことを悔やみ、そうさせたと思う相手に恨みを抱いてしまいます。**身近な人とバランスのとれたフェアな関係でいることが、あなたのミッションを成し遂げる鍵となります。**

## 6．拒絶されることへの怖れ

はっきり言いましょう。ほかの人の気分を害することなく一生を終えることは、とうてい無理な話です。いつもすべての人を喜ばせることなど不可能なのです。自分自身を満足させることすら一生のうちに半分もできません。しかも、ほかの人はあなたと同じ価値観を持っていないのです。

受容と拒絶は正反対の完全なる対として、どこにいても、人生のどの局面にあっても、必ず存在しています。これを知っていれば、すべてに対して過剰な反応をしなくてすみます。例えば、私の場合、講演のあとでスタンディングオベーションを受けると、すべての人が今まで聴いた中で最高だったと感じていると思い込み、うぬぼれてしまいがちですが、私は完全なる対が常に存在していることを知っているので、半分の人はやっと帰れると喜んでいるか、もしくは目立ちたくないから周りに合わせて立っているだけかもしれないと思っています。

同じように拒絶された場合でも、それは現実には半分だけであり、残りの半分の人は受け入れていると判断できるので、気にしすぎることはないのです。さらに喜びや苦痛についても同じように思えるなら、あなたは成長し力をつけていくことができるでしょう。

ではあなたが好きなことをしようとして、拒絶される場合はどうしたらいいでしょうか。私ならこうします。交渉の余地がなく、相手か自分を怒らせる以外の選択肢がなければ、私は相手を怒らせるほうを取ります。なぜなら、私は自分自身に正直であり、自分の心に従いたいと思うからです。私はこれを「ストレスを小さくする法則」と呼んでいます。

自分の本当の気持ちに逆らうぐらいなら、世界中を敵に回したほうがずっとましだと私は学びました。すべての人を喜ばせることはできないし、人前で話をする際には称賛と批判の両方があることを私は知っています。ほかの人の価値観を認めないとか、敬意を払わないというわけではなく、ただこの世界には補い合う正反対の価値観が存在していて、喜ぶ人もいれば、不快になる人もいるということを知っているということです。

ほかの人があなたのことをどう思うかが気になって、自分の本当の姿を見せられないのなら、あなたは自分の内に宿るすばらしい才能を誰とも分かち合っていないということです。もうそんなことはやめて、あなたのビジョンをほかの人に伝える努力をしてください。そしてすべての人は異なる価値観を持つので合意を得られないこともあると認めてください。２つの側面を受け入れましょう。ほかの人からどんな反応を示されても、自分の目的を持ち続け、ビジョンを描き続けてください。

**すべての怖れは錯覚である**ことを知ってください。怖れ（Fear）とは、「本物のように見えるニセモノ」（False Evidence Appearing Real）の頭文字です。あなたが将来、支持されるよりも強く反発を受け、喜びよりもたくさんの苦痛を感じ、得るより多く失うことを経験すると考えるのは根拠のない臆測です。そのようなことはありません。それはすべての危機には幸運が隠れているからです。ネガティブなこととポジティブなことはセットになっています。人生の２つの側面は常に背中合わせに存在しているのです。

## ７．容姿や体力に関する怖れ

あなたは、自分の夢を叶えるには、こんな見た目ではダメだと思っていませんか。自分の容姿に対して偏った考え方を持っていて、それゆえに自己卑下し、自分の夢を追いかけないでいるかもしれません。また、あなたは自分の体の一部が気に入らなくて、違っていたらよかったのにと思っていることもあるでしょう。

もしそうなら、体のすべての部分がどんなふうに運命を切り開くのに役立つのか、何度も自分に問いかけてください。**自分の手は目的を達成するのにどう役立っているのか。私の足はどんな助けをしているのか。**そうすると、ありのままの自分の体に対して感謝の気持ちがわき起こり、体のすべての部分が夢を叶える手助けをしてくれていることがわかるでしょう。

自分は「若すぎる」とか「年をとりすぎている」と考えるのもこの分野の怖れに入ります。夢を実現するのに適した「完璧な年齢」にとらわれずに、若さゆえのすばらしさや、長い人生経験ゆえの知恵を周りの人々にもたらしましょう。人生の目的を見つけてそれを成し遂げるのに、若すぎていたり、年齢をとりすぎたりしていることは決してありません。

夢を叶えるには、十分な体力がないと不安に思っているなら、自分が大好きなことをしたり、自分がしていることが大好きであったりするならば、いつもエネルギーがわいてくるということを思い出してください。

私がこの章で述べてきたこれらの怖れは、あなたの心の目を曇らせて、心の中で輝いている真実を見えなくさせてしまいます。**あなたは輝いて、多くの人の人生に触れるという運命を持っています。**「あなたは人生で真にやりたいことを、心の奥底ではわかっている」ということを忘れないでください。

## 第7章のまとめ

◉7つの怖れが邪魔をして、あなたが最もやりたいと思っていることを、はっきりと表明できずにいるかもしれません。

◉あなたのいろんな怖れが混ざり合い、すばらしい人生を築くための活動を阻んでしまいます。

◉すばらしい人生を生きるために、怖れから自分を解放することが大切です。

**アファメーション**

▽「私は怖れを打ち破り、人生で好きなことを追い求めます」

▽「私の体のすべてが、人生の目的を成し遂げる助けとなります」

▽「私は輝き、多くの人の人生に触れる道を歩きます」

▽「私の価値観の最上位を満たすのに必要なものは、すべて私の中にあります」

# 第８章 ９つのネガティブな感情に対処する

「未来は、今、私たちが何をするかによって決まる」
マハトマ・ガンジー

前章では「怖れ」を詳しく取り上げましたが、この章では、ミッションを生きていこうとするときに感じる、怖れを含めた９つのネガティブな感情を取り上げます。そしてその感情を上手に取り扱い、そこから効果的に恩恵を得るためのすばらしいスキルを紹介します。あなたの夢の実現を妨げる「怖れ」「罪悪感」「怒り」「後悔」などの感情の裏側にある真実を、ここで明らかにしていきたいと思います。

偏った感情を持つと、あなたの気持ちは過去や未来に向くようになります。現在のことから気持ちがそれて、過ぎたことをくよくよ考えたり、これから何が起きるだろうかと心配したりして、注意力が散漫になります。「今ここ」から気持ちが離れ、周りで起きることにいちいち反応し、環境に振り回されることになります。このような状況下では、望む人生を実現する力と可能性は制限されてしまいます。

この章ではそれぞれの感情ごとにワークを用意しています。そのワークを実行して、学んだことを毎日の生活に活かしてください。そうすれば、過去や未来に思いわずらわされて、感情のバランスを崩すことはなくなるでしょう。

## 1．怖れ

子供の頃、私はほかの子と同じように、電気のついていない自分の部屋に1人で入るのがとても嫌でした。お化けが怖かったのです。あるとき父親が言いました。

「一緒に部屋に入って電気をつけよう。でも次回からは1人でするんだよ」

私は昼間のうちに、廊下を走って部屋に飛び込んで、すぐに電気のスイッチを入れる練習をしました。そして夜になると、私は同じように廊下を走って部屋に入り、電気をつけて、そこで待ち構えているかもしれないお化けに備えて身構えたのでした。私は怪傑ゾロのコスチュームを身につけ、プラスチックの剣をかざして、私自身の恐怖心に正面から向かい合いました。

しかし、お化けは1度も現れませんでした。

あなたが自分の本来の道を歩こうとするなら、暗闇の中で扉を開け、積極的に明かりをつけて、怖れを克服しなければなりません。**怖れというのは、本来なら2つの側面が同時に起きているにもかかわらず、一方だけを受け入れて他方は避けられるという考えから生まれた幻想である**ことを忘れないでください。宇宙は常に調和を保っています。ポジティブなことよりもネガティブなことを多く受け取るのは絶対に不可能であることを認識すれば、あなたの怖れは解消されるでしょう。喜びよりも苦痛を多く受けたと思う瞬間をよく見て、そこに愛の真実を見つければ、正反対の側面が同時にあったことがわかります。常に同時に存在している愛のバランスを見つけられれば、何も怖れる必要がないことがわかるでしょう。

**ワーク6　怖れをなくす**

1. 将来に対して最も怖れていることを挙げてください。例「私は自分を表現することで、友人に拒絶されることを怖れています」
2. その出来事が起きたときに受ける恩恵を、10以上書いてください。例「私は自らを表現していくことで、フォロワーではなく、リーダーになるかもしれません」
3. その怖れる出来事が起きなかったときに生じる困ったことを、10以上書いてくださ
い。例「私は目立つことや変化をもたらすことはしないで、いつも周りに合わ

せてしまいます」

4. 過去に怖れることが起きたときのことを思い出してください。例「話し合いで自分の意見を言って、完全に拒絶された気分を味わいました」

5. 頭の中で、その過去の記憶に戻ってください。

6. その経験から受けた恩恵を、10以上書いてください。例「自分が本当にやりたいことをして時間を過ごし、自分らしさを失うことがありませんでした」

7. その出来事が起きなかったとして考えられる困ったことを、10以上書いてくださ い。例「今のように自分の価値観がはっきりと見えるようにならなかったでしょう」

あなたの怖れていることを経験することで、最高の価値観を実現していく方法を見つけてください。その出来事が、あなたが成長してなりたい自分に近づくために、どんな貢献をしたでしょうか。

## ２．過去の罪悪感

**あなたが何をしたか、していないかに関係なく、あなたは愛し、愛される価値があります。**

これは誰にでも当てはまる真実ですが、多くの人は罪悪感によって自分の価値が見えなくなっています。罪悪感とは、結局のところ、過去にあなたがほかの人に喜びよりも多くの苦痛を与えたとか、利益よりも損失を生んだとか、プラスよりもマイナスをもたらしたとか、という推測にすぎません。自分がしたことやしなかったことで悔やむたびに、その感情は蓄積されていき、あなたは好きなことをする価値があるのに、それをするのをためらうようになります。

罪悪感は、その過去の行動が事実であってもあなたの空想であっても、お金や時間やエネルギーなどほかの人に与えようとする自己犠牲的な状態にあなたを縛り付けます。人に借りがあると勝手に思い込んで、支払いきれない借金を払い続けることになるのです。

**あなたが何かをした結果、誰かが苦痛を受け取ったとしても、同時に起きている正反対の喜びを受け取らないということはありえないことを思い出してください。**ポジティブとネガティブは常にペアを組んでいます。罪悪感を解消すれば、過去の出来事に対する偏った認識がなくなり、たとえ何があろうともあなたは愛し、愛される価値があることがわかるのです。自己犠牲でも利己的でもなく、統合されてバランスが保たれている状態のとき、あなたは最もパワフルになります。

## ワーク7　罪悪感をなくす

1. 過去にあなたがしたこと、またはしなかったことで、誰かに喜びよりも苦しみを多く与えてしまったと思うことを挙げてください。どんな出来事に、今でも罪悪感を持っていますか。例「弟が私を必要としたときに、私は彼の側にいませんでした」

2. あなたがしたこと、またしなかったことが相手にもたらした恩恵を、10以上書いてください。例「弟は恋人との絆を深めました」

3. 当時の行動と逆のことをあなたがしたとして、相手に生じたと思われる困ったことを10以上書いてください。例「もし私が側にいたら、弟は恋人との固い絆を築けませんでした」

4. 相手に喜びよりも苦しみを多く与えたと思ったときのことを思い返して、その相手に対してあなたができなかったことをした人を確認してください。例「私がいないとき、ほかの家族が弟の側にいました」

## 3. 怒り

**怒りも、罪悪感と同じように、過去においてあなたが、喜びよりも苦痛を、利益よりも損失を、ポジティブよりもネガティブを、恩恵よりも損害を受けたと思い込んだときの感情です。**

誰かが何かをしたこと、またはしなかったことであなたが怒りを感じるとき、あなたはその人を嫌って悪いとレッテルを貼ります。

その結果、怒りの感情は重荷となり、あなたが心のバランスを取り戻して自分を解放するまで消えないのです。誰かをあがめることが賢明でないように、誰かを見下すことも、もちろんよくありません。あなたが会う人誰もが、すばらしい人たちだと気づいてください。

### ワーク8　怒りをなくす

1. あなたが怒りを感じる人を思い出してください。
2. その人の名前と、あなたが最も怒りを感じるその人の性格、もしくは最も見下している性質を書いてください。例「雇い主のトムは私に批判的です」
3. 自分の人生を通して、あなたがその人と同じようなことをしたことを思い出してみてください。いつ、どこで、どんな形でその性質を表わしましたか。あなたはほかの人が持つすべての性質を持っていて、それは増えたり減ったりしないのを思い出してください。ただ表現の形が変わるだけです。

4. あなたがその性質を表現するところを見た人のイニシャルを書いてください。あなたが怒りを感じている人と同じ程度、あなたもこの性質を持っていることを、100パーセント確信できるまで、あなたのその面を見た人のイニシャルを書き続けましょう。過去だけではなく、現在についても、この性質を表現している場面を思い出してください。

5. 怒りを感じた人がその資質を示すことにより、あなたを助けたり、あなたの役に立ったりしたことを、10以上書いてください。例「トムが私の弱いところをはっきり言ってくれたおかげで、自分の技術に磨きをかけることができました」

6. あなたの嫌っている性質とは反対の性質を、その人がいつ、どこで見せたかを書いてください。例「トムは、私が新しい顧客を増やしたときに、ほめてくれました」

7. その人があなたの嫌う性質を見せた瞬間に、その人と反対の性質をあなたに見せたのは誰ですか。例「同僚のキャサリンはいつも私を励ましてくれました」

8. あなたが怒りを感じているその人が常にその反対の性質を示していたとしたら、どんな困ったことが生じたかを10以上書いてください。例「もしもトムが私を批判していなかったら、私は技術を向上できずに、昇進もしていません」

## 4. 後悔

この偏った感情もまた、自分がしたことやしなかったことが原因で、自分やほかの人に対して喜びよりも多くの苦痛を、ポジティブよりもネガティブを、利益よりも損失、そして恩恵よりも不利益を生む結果になったという認識です。**後悔というのは、もしもそのときに反対のことをしていたら、あなたの人生やほかの人の人生がもっとよくなっていたのではないかという思い込みです。**この感情があると、間違いを怖れて、はっきりとした決断をしなくなります。

**ワーク9　後悔をなくす**

1. 後悔している行動を書いてください。例「大学で学んでいるときに、自分の研究テーマを変えるべきではありませんでした」
2. その行動から得られた恩恵を、10以上書いてください。例「研究テーマを変えたことで、私は仕事の役に立つことを学んだり、同僚と情報を分かち合ったりすることができました」

3. 後悔している行動をとらなかったとして、そのときに生じたかもしれない困ったことを、10以上書いてください。例「私は退屈していたでしょう。おそらくキャリアに対する情熱も一緒に失ったことでしょう」

## 5. 悲しみ／うつ状態

今の人生に感謝する代わりに、自分の人生はこうあるべきだという幻想を膨らませてしまうと、自分自身を2つに分離することになります。そして頭の中でありえないほどポジティブな状態をつくり上げ、今の生活と比べて落ち込んでしまいます。そんな幻想を手放せば、もっと今ある自分の人生に感謝できるようになります。

**ワーク10　悲しみ／うつ状態をなくす**

1. 悲しくなったり、気持ちが落ち込んだりしたときのことを思い出し、そのきっかけとなった出来事を書いてください。例「3週間前にパートナーが私の元を去ってから、気持ちが落ち込むようになりました」
2. そのときにどんな理想を持っていたか自分に聞いてください。その理想とは幻想であり、別のことが起きていれば、人生が好転していたと思うことです。例「私たちは結婚して共に幸せな人生を送るはずでした」

3. そうあるべきだと思っていたことが起きたと仮定しましょう。想像が現実のものになったときに経験したと考えられる困ったことを書いてください。例「もしも私たちがまだ一緒にいたら、私は今ほど友人と過ごす時間を持っていないでしょう。私はいつもパートナーを喜ばせようとしていたし、２人の関係に不安も感じていました」

## 6. 萎縮

大統領夫人であったエレノア・ルーズベルトは言いました。

「あなたの同意なしに、誰もあなたに劣等感を持たせることはできない」

**誰かに対して、萎縮した感情を感じるときは、その人の行動が直接生み出したというよりは、あなた自身がその人と自分を比べたことからきています。**劣等感を感じるのはやめて、自分の独自性を尊重してください。自分が持っているものに感謝しましょう。もっと自分自身を認め、自分の独自性を尊重してください。そしてその人の持つ称賛すべき性質を認識するほうが賢明です。そして、あなた自身もその性質を同じだけ持っていることを認識してください。偏ったものの見方をするとほかの人から支配されますが、バランスのとれた愛の視点を持つなら、自分の人生をコントロールできるようになることを覚えておきましょう。

## ワーク11　萎縮をなくす

1. あなたを萎縮させる人を思い出しましょう。あなたが劣等感を感じる人、あなたを威圧し、コントロールしようとする人は誰でしょうか。
2. その人の名前と、あなたが劣等感を感じるもとになっている性質を2つ書いてください。例「キャシーはものごとをはっきりと言い、とても頭がいいです」
3. あなたにその性質があるのを見ている人のイニシャルを、10人以上書いてください。自分もその性質を持っていると100パーセント確信できるまで、イニシャルを書き続けてください。
4. その人が2つの性質を持っていることであなたが受けた恩恵を書いてください。
例「キャシーの率直な発言に触発されて、私は自分の信念を貫く力を得ることができました。キャシーの頭の良さに刺激され、私は勉強して語彙を増やし、たくさん質問するようになりました」

## 7．ストレス

予期していないときに、突然の変化が起きると圧倒されて、大きなストレスを感じます。プレッシャーや不安を感じるときは、あなたの心も体も張りつめてしまっているのです。新しい街へ引っ越すとき、新しい仕事を始めるとき、大勢の前で話をするとき、試験勉強をするときなどは、大きなストレスがかかります。プレッシャーを感じて、緊張しすぎることは、目標を達成するための助けとは決してなりません。

### ワーク12　ストレスをなくす

1．過去、現在、未来において、あなたがストレスを感じる出来事を確認してください。例「期末試験がストレスです」
2．その横にあなたの価値観の優先順位の1位と2位を書いてください。例「期末テスト」―「人間関係」「家族」
3．ストレスを感じる出来事が、あなたに恩恵をもたらすこと、2つの価値観を満たす助けになることを10以上書いてください。例「家族に勉強を手伝ってもらうことができます。時間を賢く使うことができるようになってきたので、友人と過ごす時間をつくりながら勉強することができます。自分の時間が限られるので、大切な人と一緒に過ごすときを、さらに貴重なものと感じます」

4．その出来事が起きなかったときに生じる困ったことを、10以上書いてください。例「親友との絆が築けなかったでしょう。勉強を手伝ってくれた両親の知識の深さがわからなかったでしょう。頑張って勉強して、いい結果を出そうとは考えなかったでしょう」

## 8．悲しみと喪失

多くの人は、手に入れたり、失くしたりするものがあるという幻想と共に生きていますが、人生の達人は、移り変わる世界の中にただ身を置いているだけだと理解しています。つまり、何も得ることはなく、何も失われることもなく、すべては変化しているということです。変化するものとは、周りの人、人間関係、経済状態……この続きはあなたにお任せします。人の死に直面しても、恋人と破局しても、事業に失敗して破産しても、あなたは何かを得たり失ったりするわけではなく、事態が変化して、単純に形が変わるだけのことなのです。

生や死といった状態や、親密や疎遠といった性質に関して、悪いものより良いものを多く、また困ったことより恩恵を多く、そしてネガティブよりポジティブが多くあると思っていると、何かを失ったとき、自分を悲しみへと追い込むことになります。逆に、何かを得たときには、自分の気持ちは高ぶり、有頂天になってしまいます。これらの感情は、バランスの偏った幻想からきていることを忘れないでください。

**いわゆる喪失と呼ばれるものは、新しい何かのために場所をつくるために起こっています。**もしも人生においてすべてのものが永遠に変わることがないならば、同じことの繰り返しに飽きてしまうでしょう。毎日、時が刻まれるたびに、人生のすべての領域で変化が起きていることに感謝しましょう。

**ワーク13　悲しみと喪失を癒す**

1. 会えなくて寂しいと思う人の名前を書いてください。
2. その人のどういうところが最も恋しいですか。あなたが喪失したと感じる、その人の性質を具体的に書いてください。例「私は姉が持つユーモアのセンスがとても恋しいです」

3. ほかの人や別の状況がその性質を表している場合を、10以上書いてください。例「姉がいなくなってから、父親が冗談を言うようになりました。先月、友人がコメディーフェスティバルに連れて行ってくれました」
4. 新しく生まれた恩恵を、10以上書いてください。例「たくさんの人と一緒に過ごすようになり、交友関係が豊かになりました。父親との絆が深まりました」
5. それまでの困ったことを、10以上書いてください。例「姉はときどき私を彼女のユーモアの対象にし、からかいました。姉は注目するように要求したので、いつも姉を気にかけねばなりませんでした」

## 9. 裏切り

裏切りはほかの困難な感情に比べて少し複雑なので、詳しく説明していきます。というのは、これまであなたが信じてきた裏切りに関する認識を捨てて、まったく新しい考えを受け入れる必要があるからです。本当は、誰もあなたを裏切ってなどいないのです。

あなたが裏切られたと感じるのは、あなたが実現できない期待をしていたからで、その人自身の価値観の枠を超えてあなたの価値観に従ってくれると思い込んでいたからです。あなたが自分の価値観を人に投影しても、その人は自分の価値観の優先順位に合った行動をします。**裏切りという観念は、次のようなひとりよがりから生まれます。「私の価値観は正しいのだから、ほかの人も従うべきだ」**。

あなたが例え寛大で、異なる価値観の優先順位があることを認めていても、少なくとも1つの価値観はほかの人より優れているとか、ある特定の人生の領域では、周りの人はあなたのルールに従うべきだという考えに固執していることがあります。このような状態でいると、相手が何もしなくてもあなたは裏切られたと感じる頻度は高くなります。加えて、あなたがほかの人の価値観に従って生きようとして自分を小さくする「自己虐待」をするなら、自分の真の価値観に正直になっていないので、自分自身を裏切っていると感じるようになるでしょう。

もうおわかりでしょうか。人はどんな場合でも、自然と自分の価値観に従って生きています。

次の例で考えてみましょう。あなたは友人から翌週の火曜日に買い物に行こうと誘われます。楽しそうだし、その日に予定が入っていなかったので、あなたは承諾します。しかし、突然、あなたが半年間、想いを寄せていた男性から、同じ日にコンサートに行こうと誘われます。その男性から「行ける?」と聞かれれば、あなたは「もちろん!」と答えるでしょう。

しかし、あなたは女友達とすでに約束を交わしています。それでもあなたはその約束をキャンセルしようとするでしょう。それは人生のどんな瞬間においても、人は自分の最高の価値観を最も満たす決定を下そうとするからなのです。もしもこの男性とデートすることが価値観のリストの中で買い物よりも上位にあるなら、あなたは友人との約束をなんとかして丁寧に断る方法を考えるでしょう。

話を面白くするために、あなたの友人も同じ男性に想いを寄せているとしましょう。つまり、あなたは友人が好意を寄せている男性とデートの約束を交わし、さらに友人の約束を断ることによって、その男性と一緒の時間を過ごそうとしているのです。そして、そもそもあなたの友人は、この男性に気に入られるために服を買いに行くつもりだったのです。あなたがその友人に自分の状況を説明するとき、十分な思いやりを持たなければいけません。そうしないと、友人はあなたに裏切られたと感じ、今後あなたと口をきかなくなるでしょう。

しかし実はそれは裏切りではなく、あなたは友人の価値観に対して最初はサポートを、そして次に試練を与えただけなのです。

話をもっと展開させましょう。あなたは、その日にさらに別の誘いを受けました。最高にかっこいいリードボーカルのいる、あなたの大好きなロックグループが、あなたを自家用ジェットでイタリアへ招待してくれるというのです。さあ、どうしますか。友人との約束を果たさなかっただけでなく、今度は別の予定が入ったからとデートをキャンセルして、イタリアへ行こうとするでしょう。

原因となっている動機とは？　自分の価値観をより満たしてくれる重要な機会が訪れたので、あなたはほかの2つの機会を切り捨てたのです。誰でも不利益より利益を、リスクよりも報酬を得る方向に判断を下そうとします。自分の人生に、もっと意義があり、もっとパワフルで、もっと価値のあることがもたらされるなら、あなたは予定を変更してそれを実行するでしょう。**あなたは、常に人に自分の価値観を満たしてほしいと思うなら、それは間違った期待であり、ほかの人からがっかりさせられる可能性は高くなります。**友人、家族、同僚などに、彼らの価値観の下位にあることをしてもらおうとすれば、彼らはあなたを裏切ることになります。

人に対して確実に期待できることとは、「その人が持つ価値観に従って生きる」ということだけです。誰もあなたに対してコミットなどしません。みんな自分の価値観にコミットしているのです。あなたも、自分の最高の価値観を実現していくことにコミットしているのです。

## ワーク14　「裏切られた」という見方を変える

1．これまでの人生で裏切られたと感じた瞬間を思い出してください。そして「裏切った人」の最高の価値観について考え、自分の最高の価値観と比べましょう。あなたはどのように自分の価値観を相手に投影していたのでしょうか。あなたの期待に無理はなかったですか。

2. 誰かに裏切り者呼ばわりされたのはいつですか。その出来事の詳細を書いてください。自分の価値観の優先順位を確認して、あなたがするべきだったこと、もしくは言うべきだったことをよく考えてください。「裏切られた人」が、あなたが自分に正直であっただけだということを認識しないで、その人の価値観をあなたに投影していたことがわかりましたか。その人はあなたに無理な期待をしていませんでしたか。

## 第8章のまとめ

◉過去や未来にとらわれた感情を持っていると、あなたが持っている能力は発揮できません。

◉過去から解放され、未来への不安を解消するとき、あなたは高められ、今ここにある人生に感謝するようになります。

◉偏った感情を持ち続けると、ミッションに沿ってすばらしい人生を歩こうとしているあなたの可能性を損なうことになります。

**アファメーション**

▽「私は過去と未来の幻想から自分を解放し、『今ここ』に集中します」
▽「私は自分の思考を整え、夢を叶えるための優先順位に集中します」
▽「私は、人はみな独自の価値観に従って生きるものだという現実的な期待を持ちます」
▽「私は、すべての人がそれぞれの価値観に従っているのを知っています」

# 第9章 大好きなことをする／していることを大好きになる

「誰にも天職がある。そのために才能を与えられている。大きな可能性のある一つの方向性が、誰に対しても開かれているのだ」

ラルフ・ウォルドー・エマーソン（哲学者）

あなたが夢に描いているキャリアを実現しようとするとき、自分の今の仕事が自分の価値観では重要でない領域に属していることがあります。そんなときは、次の視点で考えてみてください。**日々こなしている業務は、あなたが望んでいるところへ向かうためにどのように役立っているか**、という視点です。あなたの価値観と仕事の関連性を見つけることができれば、今の仕事をありがたいと感じるだけでなく、目の前のことに集中して、積極的に仕事をこなしていくことができます。

仕事に情熱を傾けることができずにいると、月曜日の朝は、憂うつな思いで目覚めることになります。水曜日には「やっと折り返し地点だ」とほっと一息つき、金曜日になると「明日は休みだ」と大喜びします。生きがいを感じられない日々の中では、不満を感じやすく、あなたはできるだけ仕事をしたくないと思うでしょう。新しい課題が持ち上がると、そこから逃れようとして、さまざまな言い訳を考え出します。毎日わくわくしながら仕事に取り掛かるのではなく、その仕事が終わるのをひたすら待つような人生を送るのです。

「好きなことをしなさい。お金はあとからついてきます」とよく聞きますが、お金を稼ぐ道が1つしかないという意味ではなく、理想の職業を手に入れたときにやっと人生が花開くという意味でもありません。賢明な人は、**何をしているかに関係なく、自分がしていることを好きになるのが鍵**だとわかっているのです。好きなことをしても、していることを好きになっても、どちらでもいいのです。すべては捉え方によります。**あなたにその仕事をする術《すべ》があるのなら、その仕事を好きになる術も持ち合わせているのです。**

今の仕事は、自分の目標を達成するのに役立つとわかれば、毎日好きなことをしていることと同じですから、やる気が出て、毎日ベッドから飛び起きるようになるでしょう。その仕事が自分の最高の価値観を満たしてくれているとわかれば、内側にある知恵が刺激され、新しいものをつくり出せるようになります。このような状態のときにあなたは、自分の人生の主人公となることができ、すばらしい人生を自らつくり出すことができるのです。

## 働きがいを自分で見出す

多くの雇い主は従業員を雇うとき、その人が持つ価値観にどんな可能性があるかなどとは考えもしませんし、また、その人の最高の価値観に関連づけて仕事の内容を話すこともしません。それはXY理論です。X理論とは、ダグラス・マクレガーは、1960年代の初め頃、ダグラス・マクレガーは、2つの経営手法があると提唱しました。それはXY理論です。X理論とは、仕事を完了させるためには、常に外側から圧力と動機づけを与える必要があるというものです。この考え方では、仕事とは個人の価値観の中で低く位置づけられているものだとみなしています。

一方のY理論では、人は自分の上位の価値観を満たそうとして働くので、みんな意欲的で、他人の指示を受けなくてもものごとを自分で判断するというものです。X理論においては、雇い主は、従業員の気持ちを集中させるために、刺激となる報酬や励ましをたくさん与えなければなりません。しかし、Y理論のように、もしも会社側があなたの最高の価値観を通して仕事の話をするなら、あなたは強制されなくても自ら働くようになり、生産的になれるでしょう。この状態なら、自由を感じながら、仕事に満足感と目的意識を持って日々の業務に取り組めるのです。

外側からの動機づけを必要とするか、自分でものごとを決めるかの違いは、仕事の内容がどれだけあなたの持つ最高の価値観と関連があるかどうかです。

できるだけ多くの関連性を持たせることができれば、あなたの生産性は向上し、献身的になり、刺激を感じるようになって、会社に対する忠誠心を培っていくことでしょう。そして、大きな成果を得るために、一生懸命に学び、仕事に打ち込んでいくのです。もっと責任ある仕事を任せてほしいと求めて、どんどん仕事をこなしていき、大いなる信頼を勝ち取っていきます。仕事と自分の価値観を関連づけることができれば、あなたはあらゆる人生の側面で活力を得ることができるでしょう。

## 配管工事の会社で働けば、ロックスターになれる？

私の知っている女性は、主に裕福な顧客を対象として配管工事の会社を経営していて、ビジネスの成功を収めています。数年前のある日、その女性がある問題を抱えて私のところに相談に訪れました。長年つきあいのある顧客から、息子を雇ってほしいと頼まれたことです。最初は躊躇《ちゅうちょ》しましたが、倉庫に人手が必要だったこともあり、彼女はその息子を雇うことに決めました。しかし、彼を雇い入れてから間もなくして、後悔することになったのです。

21歳の彼は、毎日出勤はするものの、どう見ても仕方なくそこにいるという様子でした。１

日中ヘッドフォンをかけて音楽を聴いていて、仕事に集中していないのです。彼は「息子はもうそろそろ自分に責任を持ってお金を稼ぐべきだ」と思った父親を満足させるためだけに、会社に来ていたのです。

その女性社長は、仕事をしない従業員を1人抱えることになって困っていました。お得意様を失いたくなかったので、その青年を解雇することは避けたいと思っているものの、このままだとゆくゆくは会社にとってとても面倒なことになりそうだと思っていました。

事情を聞いた私は、その若者を私のオフィスに来させるように言いました。オフィスで2時間ほど雑談したあとで、私は彼の夢を尋ねました。当然のごとく、それは配管工ではありませんでした。

「なりたいのはスターなんだ！　ロックバンドでリードギターを弾きたいんだよ」

「なるほど。だから、1日中倉庫で過ごすのは退屈なんだね」

「ああ、まるで夏休みのバイトだよ。僕にとって、大切なのは音楽なのに」

「でも、私は君の雇い主からは、君が仕事に打ち込めるようなアドバイスをするように言われているんだけど」

彼は、にやっと笑って言いました。

「そうだろうね」

「君はどう思っているの？　どうせ毎日、何時間もそこにいなければならないんだから、時間を有効に使ったほうがいいんじゃない？」

それには彼も同意しました。

「すばらしいギタリストになるために、今やっていることがどのように役立つと思う？」

「箱を積むことが？」

私はうなずきましたが、彼は怪訝《けげん》そうに聞いてきました。

「それって……、関係ある？」

私は宇宙にあるすべてのものはつながっていて、関係があることを話しました。

「いいね、そういうの。すべてがつながっているなんて。僕にはわからないけど」

「もう一度聞くよ。音楽の世界で、箱を積んだり運んだりすることがどんなふうに役立つと思う？」

彼はまだわけがわからないようなので、私は続けました。

「コンサートで3時間もステージの上で激しくギターを弾き続けるには、強い上半身が必要なんじゃない？」

「そうか、なるほど。箱を持ち上げることで筋力がついて、長時間の演奏に役立つってことなんだね」

「そう。もしも君がもっと力強くなれば、もっとダイナミックな演奏ができるんじゃない？」

「本当だ。そうかもしれない」

「君の会社の女性社長は、とても成功していて、大勢のお金持ちの人とつきあっているでしょ？　ロックスターというのもお金持ちなんじゃない？」

彼の目がぱっと輝きました。

「もしかすると、社長は音楽業界の関係者とつながりがあるかもしれないよ」

彼はうなずきました。

「そして君が出荷している荷物はロックスターと仕事をしている人の家に届いているかもしれないよ」

「そんなこと考えたこともなかった」

「君と話すために、君の雇い主が私にお金を払っていることに気がついている？」

彼は再びうなずきました。彼がどんどん状況をのみ込んできたと思ったので、私は質問を続けました。

「社長が君の夢を実現することと、会社の役に立ってくれることを心から気にかけているのはもうわかったよね」

「うん。でも本当に、社長は音楽業界の人やコネがある人を僕に紹介してくれるんだろうか？」

「聞いてみたら？　そして、音楽業界とのつながりがあるか、確かめてみたら？　もしも君が頑張って仕事をして会社に貢献するなら、紹介してくれるんじゃないかな。会社のために一生懸命働いているほうが、チャンスが舞い込んでくるような気がしない？」

私は彼の最高の価値観と、彼に与えられた仕事を次から次へと関連づけていきました。彼は最後には感極まって涙を流し、叫びました。

「目の前にある可能性に、僕は全然気づかなかったよ！」

「君が探しているものはすべて君の前にあるけれど、ちゃんと目を見開かないと見えないし、また、こうあるべきだっていう形にとらわれていると見えないんだよ」

それから2週間もたたないうちに、私は社長から、感謝の手紙を受け取りました。そこには「いったい何が起きたのかわかりませんし、それをあえて知りたいとは思いませんが、とにかく、ありがとうございました」と書かれていて、さらに「彼をよりいっそう支援したいと思うようになりました。だって、彼は本当に会社のためによくやってくれているのですから」とありました。

この若者は別の見方で仕事を捉えて、その仕事から得られるチャンスに感謝するようになり、仕事を大切にするようになったので、彼が人生をかけて欲しがっているものを得られるように社長も協力しようと思ったのです。

あなたが感謝の気持ちを持ち、自分の仕事を大切に思うなら、仕事に心を込めることができます。そしてあなたが心を込めれば込めるほど、得られるチャンスも増えていきます。日々の業務と夢の実現が相関関係にあることを確認して、毎日の仕事をこなしていくことで、あなたはミッションへと続く道を一歩ずつ前進していると言えるでしょう。

心を開いて、次のように自分に問いかけてみてください。私がしていることは、どのように私の夢の実現に貢献しているだろうか。

このように、質の高い問いかけを自分自身にすることは、人生を質の高い方向へと導いてくれます。しかし「なぜいつも私はこんな目に遭うのだろう」と自問し続けて、「この仕事は最低だ！」と断言してしまうなら、現実はその言葉どおりに形作られていくことになります。**絶望的だと思うときでも、立ち止まって、その仕事がどのようにあなたの最高の価値観を実現していくのに役立つかという質問を、自分に投げかけてみましょう。**そうすることで、自分のしていることが好きになっていきます。

## 仕事と休暇の関係

仕事や勉強において、自分がしていることから活力が得られない場合に、休暇というものが必要となります。価値観の下位にあることからは、人は解放されたいと思うものです。

休暇は、好きでないことを繰り返し行ったために生じたストレスを解消するものだと考えられます。仕事にやる気が出ない人、つまり、自分の好きなことをしていない人は、休暇を「嫌なことから避難するためのもの」とみなしています。「毎日している仕事は、自分の最高の価値観を実現することに貢献していない」と思っている社会の大半を占める人たちのために、休暇は設けられているのです。

あなたが本当に仕事から活力を得ているなら、あまり休暇のことを考えることはないでしょう。人生の目的を達成するために休息することは大切ですが、もしも最高の価値観に焦点が合っていて、価値観に同調した目標が掲げられているなら、休暇を必要とせず、自分の仕事から逃れたいと思わなくなりますが、それは自分のふだんしていることでエネルギーをもらっているからです。私は、いつもセミナーや講演をいつ休むのかと聞かれますが、私は自分の仕事からパワーをもらっているので、仕事が休暇なのです、と答えています。

## 仕事を最高の価値観と結びつける

大事なのは、起こっていることをあなたがどう捉えるかということです。**好きなことをしたり、していることを好きになったりするための鍵は、やる気の出ない現在の仕事が、最も大切なことを実現するのにどう役に立つのかという視点を持つことにあると言えます。**その視点がないと、その仕事はあなたにとって重荷になります。一見、好きなことをしていないと思っていても、すべてのことがあなたの夢を叶える助けになるとわかれば、その仕事をありがたいと感じてやる気がわいてくるようになります。

すべての仕事や経験が、価値あるものを提供してくれます。仕事をすることで、新しいスキルや人間関係、忍耐力、そして自己主張する力や謙虚な姿勢までも、手に入れることができます。宇宙にあるすべてのものは、ほかのものすべてと結びつけることができるのです。やる気の出ない日々の業務を、あなたの最高の価値観と結びつけることができたからといって、その仕事をずっと続けるべきだと言っているのではありません。それによって、毎日していることが好きになり、夢の実現が近づいてくるだろうということなのです。インスピレーションと奉仕の日々を送ることによって、すばらしい結果がもたらされるでしょう。

### ワーク15　していることを好きになる

1. 現在の仕事で任されているすべての業務を書いてください。例「書類の区分け、領収書の管理、……」
2. 価値観のトップ3を、業務のリストの横に書いてください。例「トップ3の価値観は、教育、家族、お金です」

3. 業務がトップ３の価値観を満たすと思うものを、１つの業務につき、10以上書いてください。例「学んだことを区分けすることができるようになったので、能率が上がり、成績が伸びました。きちんとものごとを整理することができる力がついたので、家族と過ごす時間が増えました。請求書や領収書の区分けを学ぶことは、将来役立つでしょう」

必ず10以上、上位の価値観とリンクさせてください。関連性が多いほど、仕事へのやる気が生まれます。

## 第9章のまとめ

◉現在していることと、あなたの最高の価値観とのつながりが見えないと、あなたはやるべきことを先延ばしにしがちで、イライラしたり、ほかの人をイライラさせたりして、自分が行っていることを中断する言い訳を探します。

◉好きなことをしたり、していることを好きになったりしていると、仕事の内容に関係なく、働く意欲がわきます。

◉あなたは心の奥底では、自分の可能性を広げたいと思っています。そしてどうすればやる気がわいてくるか知りたいと思い、すばらしい人生を創り上げたいと思っています。

### アファメーション

▽「私は、大好きなことをしていて、していることが大好きで、それによって十分な報酬を得ています」
▽「私は、日々の仕事が人生の目的を実現する助けをしていることをはっきりとわかっています」
▽「私は、ものごとを自分で決め、自分の好きなことをします」
▽「私は、視点を変えることができ、すべてのものが役に立つことをわかっています」

# 第10章 価値観の優先順位を調整する

「何に価値を置くかで、どこへ向かうのかがわかる」
作者不詳

ここまでの章でお伝えしたように、人生は価値観の優先順位で決まります。人は誰でも価値観を通して世界を見て、行動すること、しないことを決め、人生で最終的に成し遂げるものを決めています。人生の目的が真の最高の価値観と一致しているときに、人は高められ、エネルギーがわいてきて、目標に向かって努力します。一方、目標が最高の価値観に合っていないときは、やる気が起こらずにするべきことを先延ばしにするようになったり、フラストレーションを感じるようになったりして、目標達成のためには外側からの動機づけを必要とします。

このことから、あなたが人生の目標を達成しようと思えば、２つの選択に行きつきます。あなたにとって最も大切なものを人生に示してくれる最高の価値観に合わせて目標を掲げるか、目標に合わせて自分の価値観の優先順位を修正するかです。2番目の選択肢に関しては意外だったかもしれません。しかし、新しい優先順位をつくり、目標とリンクさせることもできるのです。この方法をどんなときに、どんなふうに使うとよいか、みていきましょう。

## なかなか前に進まないのはなぜか

ご存じのとおり、目標と価値観が合っていないと、人生の目的を成し遂げられる可能性は低くなります。ですので、日々の進歩の状況は、あなたの目標があなたの価値観に合っているかどうかの目安になります。価値観に同調しているとき、あなたの人生は望む結果へと確実に近づいていきます。目標に向かって順調に進んでいないときは、その目標は実はあなたにとって最も大切なものではなく、あなたは価値観に従って目標を設定していないと言えます。

例を挙げましょう。あなたが収入を上げたいと願っていたとします。しかし、働くことよりも家族と過ごすことのほうが価値観の上位にあるなら、余分なお金を稼ぐために時間とエネルギーを費やそうとは思わないでしょう。人生におけるお金の領域が価値観のリストの上位にないかぎり、お金を稼ぐことを後回しにしたり、ためらったり、ストレスに感じたりするのです。

次の例として、体重を落とすために定期的に運動をする目標を立てたとしましょう。でも、あなたの優先順位の上位に教育があるとします。運動が学業を後押しすることが実感できないかぎり、決められた運動をこなしていくには、外側からの動機づけを必要とします。あなたの最高の価値観は学業にあるので、運動するよりも、よい成績を収めるために本を読んだり勉強したりするために時間を使いたいと思ってしまいます。

真の自分と向き合って、最高の価値観に同調した目標を設定するなら、あなたは集中することができ、その目標を達成できる見込みも自然と高まります。並外れた人物は、彼らにとって重要なものを補うような目標設定をして、世界に影響を与え、歴史を塗り替えてきました。目標が自分にとって最も大切なものとリンクしないとき、あなたには目標に合わせて自分の価値観の優先順位を調整する力があることを覚えておきましょう。

**ワーク16　価値観の優先順位を変えて、目標に合わせる**

1. 優先順位の上位に移動させたい価値観を選んでください。例「富」
2. その横に価値観のトップ3を書いてください。例「私の価値観のトップ3は、人間関係、社会生活、美しさ／魅力です」
3. 上位に移動させたい価値観が、トップ3の価値観を満たすような場合を、10以上書いてください。例えば、お金がもっとあったら、よりよい人間関係を築くのにどう役立つのか、人とつきあう能力をどう高められるのか、また美しさをどのように磨けるか、と自分に問いかけてみるのです。次のように書けるでしょう。例「もっとお金を稼ぐなら、パートナーとの未来をより安定させるために貯金が始められます。お金に余裕があれば、友人と定期的に遊びに出かけることができます。美容院にもっと頻繁に通え、美しさに磨きをかけられます」

4　その価値観を優先させないときに、トップ3の価値観に与えるマイナス面を、10以上書いてください。例「お金がないときは家にいなければならず、友人と一緒に楽しいイベントに参加できなくなります。自分を魅力的に見せる新しい服を買う余裕がなくなります」

このエクササイズでは、価値観の優先順位を確実につくり直すために、プラス面もマイナス面も、必ず10以上書いてください。人生に新しい「欠落」を見つけて価値観を上位に移したとき、あなたは自然とその領域に力を注ぐようになり、新しい成果を収めるために動き出します。目標と価値観を同調させることは、ミッションを生きるのに欠かせない鍵だといえるでしょう。

## 第10章のまとめ

⦿目標を掲げるときに2つの選択肢があります。最高の価値観に合った目標を持つこと、そして、目標に合うように価値観の優先順位を変えることです。

⦿仕事がなかなか進まないときは、目標があなたの最も大切なものと合ってないことを示しています。

⦿目標と価値観が合っているとき、あなたは活力を得て、人生の目的にコミットします。

⦿別の人生の領域に力を注ぐために、価値観の優先順位を上下させることができます。

**アファメーション**

▽「私の価値観の優先順位が、私のミッションを決定します」
▽「私は、目標と最高の価値観を同調させるための知恵を持っています」
▽「私の目標は、私の大きな夢をさらに膨らませ、はっきりとさせてくれます」
▽「私は、真の自分と向き合い、自分の目的に焦点を合わせます」

第3部

# 自分の人生を創造する

*Create what you would love.*

# 第11章 あなたはすでに成功している

「心が空を飛びたいときに、地をはって満足することなどできません」
ヘレン・ケラー

ヘンリー・フォードはこう言っています。「できると思えばできる。できないと思えばできない」。この言葉が本当だとすると、できるとできないの違いを生み出すものは何だと思いますか。それは、あなたが自分の最高の価値観に合わせた目標を立てているかどうかです。

最高の価値観に合わせた目標を立てていれば、あなたは自信を持つことができます。しかし、最高の価値観に合わない目標を立てているなら、あなたは自信を失うことになるでしょう。しだいに自分を信じられなくなり、劣等感を抱き始め、他人の価値観を自分の中に取り込むようになります。結果、自分の好きなことに集中できなくなってしまいます。

## 自信がないのはどうしてか？

私は世界中で、「自分に自信を持てないから、人生の目的を見つけられない」と思い込んでいるたくさんの人たちと話をして、あることに気づきました。その人たちの自信のなさに関係しているもの、もうおわかりですね。そう、それは価値観の優先順位です。彼らに自信がないのは、その人が自分の価値観の優先順位の低いものに意識を向けて行動しているからです。

すべての人は最高の価値観に従って行動をとるときに自信が持て、その反対に低い価値観に従って行動しているときには自信がなくなり、それゆえ、自己評価も低くなります。あなたのふだんの自己評価は、この最高のものと最低のものの間を上下します。

これを説明するよい例があります。２００７年、ニューヨーク市の郊外で２００人程を相手に話をしたとき、ある女性が質問しました。

「ドクター・ディマティーニ、もしもあなたが、学校の成績が悪くて、自分のことをダメだと思っている、やる気のない12歳の息子を持ったらどうしますか」

私はこの女性の息子のところへ歩いていき、今、母親が言ったことを聞いていたかと尋ね、「自分をダメだと思っていますか」と問いました。その息子は「はい」と答えました。

そこで私はにっこりと微笑みながら、彼の目をまっすぐに見て質問しました。

「では、君が輝ける分野は何ですか。誰よりも頭が働き、上手にできて、自信のあることは何ですか。どんなことなら、うまくできますか？」

彼は即答しました。

「テレビゲーム！」

私は彼にどんな種類のゲームが好きで、友達と比べてどのくらい上手なのかと聞きました。

彼はアイスホッケーゲームが大好きで、いつも友達に勝つと答えました。

「では、立ち上がって、そのアイスホッケーゲームのことを私に教えてください」とリクエストすると、その少年は立ち上がり、その場にいた大勢の前で、ほとんどすべての有名ホッケー選手の名前を言ってみせたのです。さらに、ゲームの戦術と攻略法を説明しました。

少年の母親は、自分の息子がこんなふうに社交的になり、ハキハキと話す姿を見て、すっかり驚いたようでした。私は、彼がいちばん価値を置いている分野に関する質問をしただけです。少年はゲームに関してびっくりするほど正確な記憶力を披露してくれ、周りの観客からは今にも拍手喝采がわき起こりそうでした。

そこで私は質問を続け、彼のいちばんの苦手科目が数学であることを突き止め、そこに彼の最高の価値観にあたるものを結びつけて、学校の勉強と彼の大好きなものが関係していることを伝えました。以前に、「かわいい女の子」が大好きな19歳の若者に対してしたのと同じことです。すぐに彼は、数学の勉強がアイスホッケーゲームを極めるのに役立つと理解することができました。時間は14分くらいでしたが、数学と彼の大切なものを結びつけた話のあと、彼は母親のほうを向いて言いました。

「ゲームに役立つ数学の本を買ってくれる？」

母親は満面の笑みを浮かべて、うなずきながら、頬の涙をふきました。その様子に、その場にいた人々もただ驚きの表情を浮かべるばかりでした。

## 自分の成功に目を向ける

ほかの例もご紹介しましょう。

ある男性が私の元へ相談に訪れて言いました。

「私は自分が失敗者だと感じています。もっと成功したいのです」

私はその男性に、「すでに人生で成功していることを話してください」と言いましたが、彼は何も成功などしていないと言い張りました。私は同じことを繰り返し問いかけました。

彼は明らかにイライラした様子で言いました。

「私の話をちゃんと聞いてくださっていませんね」

「聞いていますよ。さあ、すでに成功していることを私に教えてください」

男性は大きくため息をついて言いました。「ドクター・ディマティーニ、最初から話がかみ合いません。私は成功していないから成功したいと言ったのです」

「そう言わずに、私の質問についてまず考えてみてください。私は真剣ですよ。あなたがどんなに疑っていようと、私は確信しています。私は心の底からあなたがすでに成功しているとわかっているのです。さあ、あなたが成功している人生の分野を一緒に確認しましょう」

するると彼は、しばらく考えてから答えました。結婚してから20年近くになる妻ととてもよい関係が築けていると話し、渋々ながらも「これは『成功』と言えるかも」とつけ加えました。

「そうですね。ほかにはありますか」

彼は私の質問がまだ気に入らない様子でしたが、じっくりと自分のことを振り返っているように見えました。

「そういえば、息子との関係もうまくいっています。息子は野球をしていて、私はそのチームのコーチをしているのですが、今年はチームが負け知らずなので、それもうまくいっていると言えると思います」

「それって成功しているってことですよね」

彼は同意しました。

「もっと続けてください」私は彼を促しました。

勢いづいてきたその男性はどんどん話し始めました。

「妻の母親と同居しています。たいていの人はパートナーの親族とはうまく折り合えないものですが、義母と私には深い絆があってまるで本当の親子のようです。その点においても、家族との関係では成功していると言えます」

私はただうなずきました。

「ほかに成功していることといえば、家族と一緒に庭に花をたくさん植えているのですが、もしかすると近所で今月、『月間最優秀ガーデン』に選ばれるかもしれないのです。あっ、それから、これまで意識したことはありませんでしたが、私は教会の信者の中から選ばれて、ボランティアで水曜日の集いに教会で祈りを捧げています。ときどき日曜日に説教をすることもあります。どうやら私はいくつかの分野においては確かに成功しているようですね」

最終的に、彼は人生のさまざまな分野で自分が成功していることを理解し始めたので、「やっと意見が一致しましたね」と私は言いました。

「あなたが自分に『失敗者』のレッテルを貼っているのは、あなたが自分より成功していると思うほかの誰かと自分を比べているのではないかと思うのですが、どうですか」

「そうですね。実は、私の家の近くの丘の上に住んでいる医師がいるのですが、彼は私よりお金を稼いでいるし、大きな家を持っています」

「その人は、自分の大切な人と強い絆を結んでいますか。奥さんとの仲はどうですか。さらに子供や義理の母親とはどうでしょう。あなたのようにうまくいっていますか。また、彼はあなたのように教会で大切な役目を担っていますか」

「いえ、残念ながら、そのどれもうまくいっていないようですね」

「彼の立場と入れ替わってもいいですか。入れ替わりたくないと思うなら、あなたは本来の自分自身のよさを認めずに、自分以外の誰かになろうとしていたのです」

さらに数分ほど話したあとで、その男性は、自分の最高の価値観に関連した領域でいかに自分が成果をあげているかということにやっと気づくことができ、その医者やほかの人が大切にしているものを手に入れるために、自分が手にした成功を犠牲にする必要はまったくない、ということがわかったのです。話し終わって、自分の人生においてすでに大きな成功を収めていたことに気づいた彼は、目に涙を浮かべました。

あなたとまったく同じ価値観の優先順位を持つ人は、世界中を探してもどこにもいないことを思い出してください。最高の価値観が人生の目的を決め、さらに成功の形をも決めるのです。誰でも自分の優先順位に従って人生を築きますから、自分自身を他人と比べないで、自分の最高の価値観が反映された成果に敬意を払う必要があるのです。

失敗よりも成功を多く経験する人はいませんし、その逆もありません。マイケル・ジョーダンはこう言っています。「もしも私がほかの人よりも成功しているというのであれば、それは私がいわゆる失敗を、ほかの人よりも経験したからです」。

あなたが最高の価値観に沿って生きるときに、ほかの誰かとも競争する必要はありません。なぜなら、その価値観によってあなたはあなた固有のミッションを生きているからです。

**ワーク17　人生で成功していることを確認する**

1. あなたが今まで成し遂げたこと、また、人生において最も成果をあげていると感じる領域を書き出してみましょう。
2. リストを作るときは、あなたが充実感を感じるもの、あなたを最もやる気にさせるものに気持ちを集中させてください。
3. 価値観の優先順位を振り返り、あなたの成功は、あなたの最高の価値観を反映していることを確認してください。

## 前進して、人生の目的を追求する

デルフォイの神託は伝えています。

「自分を知りなさい。自分でありなさい。自分を愛しなさい」

２つの選択肢があります。１つは人生で真に大切なものを確認し、価値観に合った夢と目標を掲げること、もう1つは、世の中があなたに何かを提供してくれるまで何もしないで待つことです。

つまり**「ミッションを持って生きる」**か、**「影響を受けて生きる」という選択肢です。**目的に向かって生きるなら、自分の運命を選ぶのはあなた自身で、人生のすべての出来事はあなた自身がつくり出していけます。しかし影響を受けて生きるなら、人生を通して、気まぐれな感情と周りの人々の意見に支配されることとなるでしょう。

毎日、自分の恵まれた点を思い起こして、自分が誰か、何にいちばん価値を置いているか、自信を持てる領域はどこかを確認していってください。そして自分の価値を認め、大好きなことをしていくことが、ほかの人に大きな価値を提供するということをわかってください。毎日、自分に問いかけましょう。**私が本当にしたいことは何だろう。私がいきいきと生きながら、報酬を得るにはどうしたらいいだろうか、**と。

## 第11章のまとめ

◉「できる」と「できない」の違いは、あなたの目標が価値観の優先順位の高いものに関連しているか、いないかです。

◉自分の価値観に合わせて生きることにより、生まれながらにして備わっている自信が、あなたにとって最も大切な領域で生まれます。

◉低い自尊心しか持たない人はいません。ただ、人は最高の価値観につながる領域では自己評価は高くなり、最低の価値観につながる領域では自己評価は低くなるのです。

◉あなたの偉業はまだ見えていないかもしれませんが、あなたは人生においてすでに成功しています。

◉自分自身と自分の最も大切なものを知ることにより、人生の目的が明らかになり、自分本来の道を歩むことができるようになります。

**アファメーション**

▽「私は天才です。私は自分の知恵を活かします」

▽「優先順位の高い領域で、私は大きな自信を持っています」

▽「私は『私らしい成功』を大切にします」

▽「私の人生の主人公は、私です」

# 第12章 内なるヒーローを見つける

「大いなる思考で心を育みなさい。
自分の持つヒーロー性を信じることでヒーローになるのです」
ベンジャミン・ディズレーリ（元英国首相）

あなたは最高の価値観を体現しているように見える人たちを見ると、その人たちを偶像化し始めます。そうなると、その人物があなたの心を占拠してしまうようになります。あなたが実際にその人たちに会ったか、会っていないかは関係ありません。あなたはその人たちを自分のヒーローにしてしまいます。自分の価値観ではなく、その人物が持つ価値観に従って生きようとして、自分の行動をほかの誰かに支配させてしまうかもしれません。

自分の最高の価値観に反して誰かの価値観に合わせて生きると、心の中でジレンマが生じるので、目標に集中するためにはしばしば外部からの動機づけが必要になります。日々の生活の中で、義務感から「やらなくては」とか「するべきだ」という言葉を多く使うようになり、自分らしさを失っていきます。自己肯定感を持てずに、無力だと感じてしまうのは、ほかの誰かの影響を受けすぎているのです。

ラルフ・ウォルドー・エマーソンは「嫉妬は無知であり、まねは自殺行為である」と言っています。あなたが絶えずほかの誰かになろうとするなら、それはあなたの一部を殺してしまっているのと同じことなのです。しかし、大丈夫です。そのことに気がつけば、いつでも本来の自分を取り戻すことはできます。

あなたは誰かのことを自分より精神性が高いとか、頭がいいとか、魅力的だと思っているかもしれません。または、自分よりもビジネスの決断をすることや富を蓄えることがうまいとか、充実した人間関係や広い人脈を持っていると見ていることもあるでしょう。これらの人たちと自分を比べて気後れしてしまったり、自分なんてちっとも成功していないと感じたりすることはよくあることです。しかし、自分には足りないと思い、ほかの人たちのまねを始めた瞬間から、自分は小さくなっていくということを心に留めておきましょう。その人の意見があなたの意見よりも価値を持つようになってしまうのです。

誰かに夢中になって、自分にとって大切なことを二の次にして、その人を喜ばせようとした経験はありませんか。あなたは目新しい価値観に従って、その「すばらしい」人物になるために自分を変えようとします。でも、本来の自分以外の誰かになることは不可能です。結果はどうなるでしょう。あなたの意識が求めるものと無意識が求めるものの間に隔たりが生まれ、自分が2つに分かれていくようになります。意識の上では自分が夢中になっている対象になりたいと思うので、それに伴う行動をとります。しかし無意識下では、その行動が真の最高の価値観と人生の目的にそぐわないとわかっているので、怒りが生じ、やっていることに集中することができなくなります。その結果、なかなか前に進めずに、悩むこととなります。

そのような「自分で、自分のやっていることを妨害してしまう状態」というのは、あなたの無意識が引き起こしているもので、あなたの本来の道からはずれていることを伝えてくれています。そんなときは、価値観の優先順位に合わせて目標を検討し直す必要があるでしょう。意識と無意識との間に隔たりがあるとき、無意識のほうが結果的に勝利を収めますが、それは無意識が最高の価値観を実現する鍵を握っているからです。あなたが意識の上でも真の価値観に従って生きているならば、あなたは常に目標を意識しながら、パワフルになり、成功していくということを忘れないでください。

あなたがほかの人をほめ称えるときは、あなたが自分自身の力に目覚めるときでもあります。あなたがほかの人に見出したものは、今はまだ自覚できていないだけで、あなた自身にも必ず備わっています。**あなたがあなたであることは、外の世界から押し付けられる価値観を生きる**

**よりはるかに大切なことです。**あなたは世界に驚くようなものを提供できるすばらしい人物です。あなたが自分の価値をひとたび認めれば、世界もあなたの価値を認めるようになります。

## ヒーローが持つ力

南アフリカで開催したあるセミナーで、内なるヒーロー性を自覚するというワークをしたとき、参加者の中に17歳の若者がいました。そのワークの中で私は、参加者に自分のヒーローを挙げてもらい、そのヒーローの尊敬できる特質を書き出してもらっていました。参加者たちはそのリストを見ながら自分がすでにその特質を持っていることを確認し、それが自分の人生でどのように独自の形となって表れているかを書きとめていました。

その若者が自分と向き合うというそのワークを終えたとき、どうだったかを知りたくて私は質問をしました。

「自分に欠けているものなど何もない、ということがわかりましたか」

彼はうなずくとかすかに涙を浮かべました。自分は何も欠けていないとわかったときは、誰でもこのように涙が出てきます。「自分は何も欠けていない」とわかれば、あなたはすべての人やすべてのものを自分自身として受け止められるようになるのです。

私はその若者に言いました。

「ヒーローを持つ目的は、その人をあがめることではありません。ヒーローが実は自分を映し出していること、そして自分もヒーローを体現しているのだということを知るのが目的なのです。あなたが憧れているものが、あなたの中にもすでに同じようにあるのです。だから、どんな相手に対しても劣等感を抱く必要はないことがわかりましたか」

彼は「はい」と答えましたが、まだ落ち着かない様子でした。私は彼が何を考えているか確かめたくなり質問しました。

「あなたのヒーローは誰ですか」

「あなたです、ドクター・ディマティーニ」

私は不意をつかれました。

「私がヒーロー?」

彼はうなずきました。

「では、私のすばらしいところを、あなたもちゃんと持っていることをわかっていますね」

「はい」

「あなたの夢は?」

「国際的なプロの講演家になることです」

「そのような使命を持っているということは伝えたいメッセージがあるということですね」

「はい、もちろんです！」

そこで私は、そこにいるみんなの前で話してくれるように彼に頼みました。彼のスピーチはとても感動的なものでした。私を含め、その部屋にいた人すべてが感動の涙を流し、彼にスタンディングオベーションを送ったのでした。

翌日、私はラジオに出演したとき、この話をしました。ラジオの司会者は感銘を受け、若者はその後いくつかの招待を受けて話をする機会を得たのです。ここで私が言いたいのは、その若者が私の中に称賛するべき点を見つけ、それと同じものが彼自身の中にあるとわかった瞬間から、彼にとっての扉が開かれたということです。

あなたが誰かに憧れ、その憧れているところと同じところが自分の中にあると気づけば、あなたの可能性は無限大に広がります。もしもあなたが銀行に行って10万ドル借りようとするならば、10万ドル分の担保が必要になります。もし担保がなければ、銀行はお金を貸してくれません。しかしあなたが担保を提示すれば、銀行はすぐに融資します。これと同じように、あなたがすでに持っているものに気づけば、世界はそれをあなたに提供するのです。持っていないと否定することは、自分を抑え、可能性に限界を設けているのと同じです。ヒーローの中に見えるものがあなたの中にないのなら、あなたはそのヒーローに憧れることはないのです。

私は、哲学者、宗教の指導者、実業界の大物、ノーベル賞受賞者など尊敬する有名人のほとんどについて研究し、彼らの中にあるものが私の中のどこにあるか探しました。彼らの伝記を読みながら、自分の中に発見したいと思う特性が書かれているところにアンダーラインを引きました。このテクニックは私の人生に多大な効果をもたらしました。そして今日では、かつて遠くから憧れていた多くの人たちと影響し合っています。

私は教育者としてミッションを持ち、世界を飛び回っていますが、この業界の誰のことも私は偶像化したりしません。自分を卑下したり、ほかの誰かのようになろうとしたりなどしないのです。ただ同じ職業を持つ人たちをありのままに認め、愛し、彼らが映し出しているものを喜ばしく感じています。私は、彼らの中に見つけた特性を体現しようと思いながら、ステージに立って、自分の学んだことを多くの人に伝えているのです。

あなたが誰かをすばらしいと思うときには、自分のどこにその同じ特性があるか探してください。それはどんなふうに表れているでしょうか。もしもあなたが体現しているその特性の独特の形に気づくことができなければ、あなたは外の世界の権威に従い続けることになります。あなたは憧れている相手が自分よりいい特性があると思い込み、自分には欠けているものがあると感じてしまうのです。

その特性がどのような形で現れるかを決定づけるのは、価値観の優先順位であることを覚えておいてください。あなたの称賛している人が、例えば、ビジネスに自信を持っているとすれば、あなたはそれと同じくらいの自信を知性の領域に持っているかもしれません。つまり、その自信という特性をあなたはちゃんと持っているのです。誰かがあるスポーツに全身全霊を傾けている姿を見て感銘を受けるとき、あなたも人間関係の領域で並外れた貢献をしていることに気づく場合もあります。ほかの人が持つ特質を自分の中に見つけることで、溢れるような感謝を感じ、ミッションを生きるのに必要なものがすでに備わっていると確信できるのです。

**ワーク18　自分の中のヒーロー性を見つける**

1. あなたが憧れている人を挙げてください。あなたのヒーローは誰ですか。それはあなたが会ったことのある人か、本やテレビで知った人物かもしれません。
2. あなたにとってヒーローだと思う人の名前と、あなたが最も憧れている特性を書きましょう。
3. その特性を、あなた自身がいつ、どこで発揮したかを思い出して、その様子を見ただろうと思う10人のイニシャルを書き出します。
4. あなたがその特性を自分も同じぐらい持っていると100パーセント確信できるまで、その人たちのイニシャルを書き続けてください。

このワークを、あなたにとってのヒーローや手本となる人、交流を持ちたいと思う人を対象にして行ってください。尊敬する人について書かれた本を読んで、このワークを行ってもいいでしょう。あなたが憧れている立派な人物と同じように、あなたもすばらしく、強くて、影響力を持ち、活力に満ちていることがわかれば、自分の中のヒーロー性に目覚めるのです。

## あなたのユニークな天賦の才

最も内側にある魂の本質は人によって差はありませんが、外側の在り方は異なります。**憧れているすべてを自分なりの形で表現していることを見出し、自分にその特性が備わっていると100パーセント確信できるとき、あなたの隠れていた部分が目覚めます。**

この目覚めを経験すると自分が誰なのかという自己認識が変化しますが、それに伴い、あなたに対する世界の認識も変わります。しかし残念なことに多くの人は、自分よりも頭がよくて、成功していて、パワフルそうに見える人より、自分は劣っていると思い込んで、自分をないがしろにしています。そして、なぜ自分には朝飛び起きて好きなことをこなしていく活力がないのだろうと悩むのです。このような考え方から自分を解放しましょう。

私が数えた結果、この世界には4600もの特性があり、一人ひとりがこのすべての特性をいろんなやり方で体現しているのです。憧れている人たちと比べて、自分は違っているわけでも劣っているわけでもないと気づけば、自分自身を大切にしていくことができるでしょう。

## 第12章のまとめ

⦿誰かをすばらしいと思うとき、あなたの中にもその同じすばらしいものが存在します。

⦿あなたがヒーローだと思っている人は、あなたを目覚めさせ、あなたの強さと可能性を引き出してくれるために存在しているのです。

⦿すべての人は、本質は同じで、在り方が異なるだけです。

⦿ほかの人が持つすべての特性が自分に備わっていることを知ることは、とてつもない力になります。これらの特性を最高の価値観に従って体現するなら、ミッションに沿って生きられます。

**アファメーション**

▽「私は自分の内側にあるすべての特性をわかっています」
▽「私は自分を愛し、認めているように、世界も私を愛し、私を認めています」
▽「私はすべての特性を持ち、その特性を最高の価値観に従って表現しています」
▽「私は、自分のヒーロー性を日々、見つけていきます」

# 第13章 人生の2つの側面を受け入れる

「克服しなければならない障害というのは実は、
あなたにとっての恩恵である」
ロバート・コリアー（作家）

どんな状況にも、ポジティブな側面とネガティブな側面があります。宇宙は2つの相対するものをペアとして宿しているのです。例えば、戦争と平和、親切と無情、サポートと批判、若さと老い、貧困と裕福、喜びと悲しみ、1人の時間と誰かといる時間、病気と健康、成功と失敗などです。2つの側面をセットとして経験します。**ポジティブな側面かネガティブな側面かのどちらか片方だけを経験しようとしてもそれは不可能です。**

片方の側面だけを追い求めていると、徐々に力を失っていき、夢を実現することができないでしょう。では、別の生き方とは？　それは、そのときどきで2つの側面を謙虚に受け入れる生き方です。そうすれば、あなたは真の、満たされた愛を創り出すようになるでしょう。言い方を換えると、**真の愛とは、同時に起こる正反対のものを1つに統合したものである**と言えるのです。

## 感情と目的の現実との関係

苦痛より喜びを多く感じたり、逆に喜びよりも苦痛を多く感じたりするとき、感情はどちらか一方に傾きます。ここでは感情を「エネルギーの動き」として考えていきます。その感情がポジティブかネガティブかに関係なく、偏った状態にあると集中力がなくなり、現在に向き合わずに、過去を思い返したり、未来を思い悩んだりしています。そして、あなたは最優先のことに取り組めなくなり、自分の価値観の中で優先順位の低いことをするようになります。

あなたがこの世界に存在している理由は、悲しみを逃れて幸せを探すためではなく、また拒絶を避けて受容を求めるためでもなく、あるいは失敗することなく成功を収めるためでもないのです。2つの側面がミッションの実現には欠かせないこと、そしてミッションを実現するためにあなたがこの世界に存在していることを、心に留めておきましょう。

例えば何か出来事があったとき、そのいい面が見えなければ、あなたはイライラしたり怖れたりしますが、逆に悪い面が見えなければ、夢中になったり有頂天になったりします。しかし実際は、2つの側面は同時に起きているのです。これはあなた個人にも、家族にも、また社会構造にも当てはまります。**あなたが2つの側面を同時に経験していることを認識しなければ、目的を成し遂げることはできません。**

無秩序に思える毎日の出来事の中に、つりあいのとれた2つの事柄が同時に起きていることに気づかなければ、感情に振り回される生活を余儀なくされます。夢中になっているものや怒りを感じているもの、尊敬しているものや軽蔑しているものに、あなたはいちいち反応しています。ネガティブを避けてポジティブなものだけを求めたり、苦痛のない喜びを求めたり、サポートだけを求めて批判を避けることによって、逆にあなたは最も避けたい状況に自分自身を置くことになるのです。それよりもマイナスな面に気づき、その存在を認めた上で、それがもたらしてくれる恩恵に感謝することで、マイナスの影響を和らげることができ、あなたのアンバランスな感情は解放されるのです。

例えば、あなたが走ることに魅力を感じ、マラソンを完走したいと思ったとしましょう。あなたは長距離ランナーに憧れ、彼らの持久力や細く引き締まった体、精神的な強さに畏敬《いけい》の念を抱いています。もしもあなたがこのようなポジティブな側面だけを頭に描いてトレーニングを始めるならば、長距離を1度走っただけでマラソンが持つもう一方の側面を思い知ることになります。体が悲鳴を上げ、こんなはずではなかったと思うのではないでしょうか。もしかしたら、それっきりやめてしまい、マラソンをする人の気が知れないと思うかもしれません。

では、バランスのとれた見方でマラソンを捉えたらどうでしょう。足が痛くなり、腰が張って、もう今日はソファでのんびりしたほうがいいと思うほど練習が嫌になる日もあると最初から認めておきます。そうすれば、いわゆるネガティブといわれる側面にもちゃんと取り組むことができます。問題が起こること自体は避けられませんが、あなたはそれを淡々と観察しながら、これもマラソンの一部だと納得することができるのです。

## 困難の中にある大いなる可能性

最大の障害だと思っていたことが、まさに今日の自分を見出すために必要とされ、また未来の自分にとって欠かせないことだったとしばしば気づかされます。人生の中で一見ありがたくないと思えることでも、結果的にはバランスをとるために必要だったと認識できるようになるまで、感情の重荷となってつきまといます。それがサポートであっても試練であっても、自分の最高の価値観を満たしてくれることがはっきりとわかれば、感謝の気持ちがわき、人生という旅の原動力となるということを覚えておきましょう。

ここまで読んでいただいたみなさんは、私が子供のときに学習障害と診断されたことが、今日の私に多大な貢献をしていることにお気づきでしょう。障害があったからこそ、私は読書に没頭し、膨大な数の本を読んで、ありとあらゆる学問を学ぶことができたのです。そして1つの集大成ともいえる、「価値観の優先順位に基づく理論」を創り上げました。この優先順位は人それぞれに固有のもので、すべての人が天賦の才能を持っています。自分にとって大切なことに対して、人は「意識活性状態」になり、過度の注意力を示しますが、あまり大切でないことに対しては、意識が不活性な状態になり、注意欠陥障害（ＡＤＤ）の症状が出ることもあります。

価値観の優先順位がとても狭い範囲に集中している人たちがいます。子供が狭い範囲に限定した価値観を持っていて、教師や両親の思惑からはずれてしまう場合（私の場合もそうだったのですが）、しばしば学習障害のレッテルを貼られるか、注意欠陥多動性障害（ＡＤＨＤ）だと診断されます。それでも彼らは学ぶことが嫌だというわけではありません。ただ、彼らは、彼らにとって大切なことを学びたいのです。学校の勉強や授業に集中できない理由は、それらは彼らの関心の範囲にはなく、つまらないものだからです。その子たちに彼らの価値観を満たす課題を与えてみればわかります。彼らは何時間でも座って集中し続けることができるうえ、優れた能力を発揮するでしょう。

これはすべての人に当てはまります。自分にとって価値のあるものに人はすばらしい関心を注ぎますが、価値観の優先順位が低いものに関しては関心を持てません。大人だって、自分にあまり価値のないものに気持ちを向けるとき、じっとしていられなかったり、すぐに集中力が途切れてしまったりするものです。

どうにもやる気が出ない状況で自分の才能と潜在能力を発揮する鍵は、最も大切なこととその課題を結びつけることです。コミュニケーションの方法をしっかりマスターし、課題が自分の最高の価値観を満たしていて、目標を達成するためにどのように役立つかを見つければいいのです。そして、あなたには２つの側面があることを認識しましょう。怠惰と勤勉、注意力不足と高い集中力、落ち着きのなさと平静さ、などという具合です。これにきちんと気づけば、あなたは驚くような成果をあげることができるのです！　あなたが抱える「課題」と最高の価値観を結びつけることができれば、エネルギーがわいてくるでしょう。

ほかの人に対しても同じです。決して、何かのレッテルを貼ってその人の持つ能力を埋もれさせてしまわずに、まずその人の価値観の優先順位を確認して、その人が大切にしていることから始めるとよいでしょう。最高の価値観を見出してあげれば、可能性も広がるのです。

私は、ＡＤＤやＡＤＨＤと診断された多くの若者や子供たちとかかわってきましたが、みんな頭がよく、目的意識を持っていて、活力に満ちていることがわかりました。彼らの狭い範囲に限定された価値観を見出してコミュニケーションをとることができれば、彼らは心を開き、学ぶことは楽しいと発見するのです。ですから、単純にレッテルを貼るのをやめて、その人の意識が活性化することを見つけ、その分野で見せる才能や自信を称えてあげたほうがずっといいのです。世界の偉大な指導者や水平思考（問題解決のために既成の理論や概念にとらわれずアイデアを生み出す考え方）を追求した人、新分野での草分けとなった人たちの中にも、かつて学習障害があるとされた人がいました。この人たちは、意識的にも無意識的にでも自分の最高の価値観を見出し、自分にとって大切なことを追求し、学び、成長し、自ら選択したフィールドでトップに上ったといえます。

そのことに関して、13歳のある少年のことが思い出されます。ある夜、父親が車を4時間走らせて、2人で私の講演に参加してくれました。父親は学校の校長先生から渡された手紙を持っていて、そこには息子に学習障害と過剰行動が見られること、そして退学処分になったことが書かれていました。私は少年に好きなものを尋ねて、自動車に大きな関心を持っていることを突き止めました。話をする中で、自動車のことに話題が触れると、彼が目を輝かせたのです。彼は大人になったら自動車関係の仕事がしたいけれど、学校の授業は夢を実現するのに役立たないと考えていることがわかりました。

私は父親に、少年を自動車の販売代理店で働かせてはどうかと話しました。最初はおそらく清掃や簡単な業務を任されるだけですが、その場にいれば自動車についての知識を得ることができます。もしも少年が夢を追うことを許され、背中を押してもらえるなら、おそらく20歳までに一財産を築いていることでしょうと言いました。

**誰かに何かのレッテルを貼ってその可能性を限定するのではなく、その人固有の新しい可能性に目を向けることが大切です。**診断自体が役に立たないと言っているのではありません。診断があれば、問題に対処することができます。ただはっきりさせたいことは、人はレッテルによって定義されるものではないということです。

ヒューストンで精神科医をしている女性を知っていますが、彼女はＡＤＨＤというレッテルをずっと貼られてきました。とても活発で、才能豊かで、高い目標を設定して達成していく人であり、特に自分の経営する病院でその手腕を発揮しています。彼女はものすごく早口で、常にテンションが高いのですが、クリエイティブなアイデアを持っていて、いつもそれを上手に活用しています。彼女は自分に特化した分野を見つけたことで、抜きん出ることができました。あなたが自分にとって大切なものを見つけることができれば、自分の最高の価値観にエネルギーをより注ぎやすくなり、ミッションを追い求めやすくなるでしょう。

あなたに自分たちの信念を押し付けようとする人たちに服従するのはやめましょう。自分の価値観を発展させ、どんどん自分らしくなっていくにつれ、人生において何かすばらしいことをする可能性は高まり、世の中にもっと驚くような影響を与えるようになります。あなたが秀でている分野と、あなたが好きなことに注目してください。自分のエネルギーをどこに注いでいますか。**自分を直すのではなく、また誰かに近づけようと変えるのでもなく、自分の独自性を認識して、内に秘めた才能を見出すのです。**誰もが最高の価値観の中にたくさんの知恵を持っていることを思い出しましょう。

## 支援と試練の境目で成長する

ある研究によると、人は「秩序」と「無秩序」の境目にいるとき、最も何かを成し遂げるとされています。これは「周囲からのサポート」と「困難な状況」の境目とも言い換えられます。あなたの潜在能力を最大限に引き出すためには、人からサポートされるのと同じくらい、人から試練を与えられることが必要になります。試練を与えることであなたを成長させようとしてくれる人がいないと、自らマイナス思考に陥って、自分を責めるようになります。あなたが試練、つまり、**あなたを成長させてくれるものを避けて、自分をサポートしてくれるものだけを求めていると、逆に望まないものばかりを引き寄せることになります。**立ちはだかる困難が、なりたい自分へと導く役目を持っているのを認め、それに感謝することを学ぶまでこの状態は続きます。

サポートしてくれる人、親切な人、あなたを喜ばせようとする人は、実際にはあなたを周りの人に依存させ、あなたに幼稚さを残します。何かとあなたに挑んでくる、どちらかというと意地悪で、あなたを喜ばせようなどと思わない人が、あなたの自立と成熟に真に貢献します。何の批判もなくサポートだけ受けていると、世の中に出ていく準備はまったく整わず、簡単に打ち負かされてしまうようになります。しかし、試練だけを受け続けるなら、子供時代さえ生き延びられないかもしれません。

実際に独立して起業する人たちと、才能はありながら雇われるままになっている人たちの違いもここから生まれます。実際に起業する人は若い時代にたくさんの試練を受けた結果、それが原動力となって大きなことを成し遂げるに至り、人の上に立つようになったと言えます。一方、起業するリスクや責任を負うことなく雇われることを選ぶ人たちは、それまで何か欲しいものがあったときにすべて与えられたので、このようなサポートに依存するようになったと言えます。この人たちが世の中に出るときは、子供時代に受けたサポートと同じものを求め、苦痛よりも喜びを、また困難よりも援助と保護を得ようとするので、同じような才能がありながらも、しばしば起業家の下で働くという形で終わってしまいます。

**支援と試練は人生の中で同じように経験するものであることだと受けとめ、称賛と非難は同時に起きているものだと認識するなら、あなたは愛されることの本当の意味を見出せるでしょ**

**う。**あなたを取り巻く世界は、あなたがなぜこの世界に生まれたのかという答えに導いてくれます。あなたが人生で経験することはすべてフィードバックの役割を果たし、どうなりたいか、何をしたいか、何を得たいかということがだんだん明確になっていきます。

２つの側面を同じように受け入れるなら、あなたは高められ、ポジティブな感情とネガティブな感情を超えて自分の人生を見定め、インスピレーションがもたらす優先順位の高い課題に取り組んでいきます。これは何も感情を持たないという意味ではありません。高められた状態のあなたは、心からの平安と深い感謝を感じるのです。宇宙からの愛と、自分の内にある愛、どちらの愛にも２つの側面があることに気づけば、真の自分が驚くべきすばらしい存在であることに目覚めるでしょう。

## 人は２つの側面を持つ

すべての事柄がそうであるように、あなたも２つの側面を持っています。ネガティブな面よりもたくさんのポジティブな面が自分自身にあると思えば、確かに気分がよくなりますが、気持ちが大きくなり、さらにうぬぼれて、その部分ばかりに焦点を合わせるようになります。反対に、ポジティブな面よりもネガティブな面ばかりにとらわれていると気分が沈み、自己嫌悪に陥ってしまいます。あなたは自分自身と四六時中一緒にいるわけですから、あなたよりも自分をほめたり、けなしたりする人はいないことを知っておきましょう。自分をありのままに受けとめるためには、自分自身の2つの側面を知らなければなりません。いわゆるよい部分と悪い部分を自分は併せ持っているのだと知り、バランスのとれた真の自分を意識しましょう。

多くの人は、人はある性質のどちらか片方の側面だけを持っていると思い込んでいます。例えば思いやりがあるなら意地悪なはずがないとか、親切なら決して冷淡ではないとか、優しければ決して厳しくない、そしてポジティブであるならネガティブのはずがないと考えています。天文学者のカール・セーガンは、「宇宙は、人間が考えているどんな空想や理想よりもはるかに壮大である」と述べました。

同じように、人間が経験することは、頭の中で考えていることよりもはるかに壮大なのです。あなたが自分の使命を達成するためには、あなた自身のすべての要素が必要です。あなたが自分をありのまま認めて愛するために、そして、ほかの人のこともありのままに認めるために、あなたは自分が持つすべての側面を表現するようにつくられています。

## 必ず授かる愛のバランス

自分を責めたくなったとき、じっくり観察してみるとあることに気づきます。それは、あなたは自分を責めながらも、価値観の優先順位のより高い別の分野で自分を評価しているということです。また、あなたが自分を卑下しているのを見ると、周りの人はあなたを元気づけようとします。

反対に周りの人が思う以上に、自分を高い位置に置くなら、彼らはあなたを批判して評価を下げ、「本来のあなたの位置」に戻します。またバランスを保つために、あなたを元の位置へ下げるものが自然と引き寄せられます。あなたは本来の姿で存在しています。調子に乗ったり落ち込んだり、また、うぬぼれたり恥じたりしているのは、本来の姿ではありません。

こうしたことからスポーツの世界では、コーチは選手が自信過剰になりすぎないように指導します。またゴルフのキャディーはまるで心理学者のようにゴルファーに付き添って、感情が高まりすぎたり、落ち込みすぎたりしないように気を配ります。ショットの良し悪しで一喜一憂していたら、感情が技術を狂わせてしまいます。適度に感情を抑えることは、競技やトーナメントで結果を出すのに重要な要素です。

本来の自分のイメージを誇張したり縮小したりすると、それを打ち消すような「要因」が自然と引き寄せられて、バランスのとれた元のイメージへと戻されます。例えば、あなたが悲劇を体験するなら、あなたを陽気にしようと、喜劇のようなことが引き寄せられます。また、あなたが反発を受けるたびに、支持する人を引き寄せるでしょう。

人間関係の大切な目的は、あなたが自信過剰になったときにあなたの足を地に着かせ、あなたが落ち込んだときにあなたを元気づけることだと言えます。友人、家族、パートナー、先生、同僚などによって、あなたのバランスは保たれ、真の愛を体験することができるのです。彼らは、誇張されていたり縮小されていたりするあなたに調和をもたらします。あなたが偏らず中心にいて高められるとき、最も力強い自分が現れます。本来の姿のあなたは、輝きを放つ存在です。そして独自性と創造性を身につけて、自分の好きなことをすることとほかの人に奉仕することに励みを感じていくのです。

## グレート・ディスカバリー

誰かがあなたをほめるときは、どこかで必ずほかの誰かがあなたを非難していて、あなたはバランスを保ち、愛の中心にいられることになります。

注意深く観察すると、難題を投げかけられるたびに、必ずサポートを受けていることがわかります。批判のない称賛や、称賛のない批判は存在しません。チャンスが到来すれば同時に困難も生じます。報酬と同時に罰が、危険にはチャンスが生じます。ある扉が開けばもう一方の扉は閉まり、また、ある窓が閉まれば、どこかの窓が必ず同時に開くのです。

私はこれまでに世界中のたくさんの人たちに、この「バランスの原理」を示してきましたが、私が確信を持てることは、年齢、人種、肌の色、信念、国籍、言語、宗教、文化、伝統に関係なく、私たちはすべて同時に、互いに補い合う2つの側面を持つ愛に抱かれているということです。**私たちがミッションを成し遂げるためには、愛が持つ2つの側面、つまり支援と試練の両方が必要となります。**

あなたがこの原理を知り、自分の周りや人生の7つの領域でそれが起きていることを理解すると、あなたに深い知恵と、優れた理解力が備わります。私はこのプロセスを「グレート・ディスカバリー™」と呼んでいます。

私は、ここで紹介する方法をブレイクスルー・エクスペリエンス®としてセミナーで教えています。その中で、私は生まれつき白斑を持つ女性と出会いました。白斑とは、一部の皮膚がメラニンを失ってできる白いまだら模様のことで、その周りはさまざまな色を呈します。

その女性の肌は、薄いピンク色、こげ茶色、白色が混ざっていて、まるでパッチワークでできた人間を見ているようでした。また、肌が特殊なだけではなく、耳と鼻が極端に小さくて、少しアヒルに似た印象的な顔をしていました。子供の頃から、彼女は学校でほかの生徒から醜いアヒルの子と呼ばれていて、のけ者にされていました。内面は美しい人でしたが、孤立して内向的になり、自分が醜いと感じながら成長したのです。

グレート・ディスカバリーを紹介すると、彼女は悪口に含まれているバランスと秩序をすぐに発見しました。さんざん同級生からばかにされてきたにもかかわらず、称賛もすべて人生の中で手に入れてきたことを知るに至ったのです。彼女は子供の頃、自分は醜いと感じていたので、常に美しいもので自分の周りを囲んでいたことに気づきました。その女性は今日、米国を代表するインテリアデザイナーとして、自分の人生を、そして人々の生活を美で満たしています。

子供時代にばかにされ、笑われ、1人ぼっちだったと思っていたこの女性は、セミナーですばらしい感動を起こしてくれました。彼女をいじめた子供たちをほかの参加者が演じたのですが、彼女はその一人ひとりの元に行き、心から感謝しました。彼女はこれからも創造力を育み、人々が美しいものを楽しめるようにするという自分の人生のビジョンと目的を確認したのでした。彼女は自分が受けた恩恵に気づいたときに、その代償に対しても受け入れました。もしもあなたが人生で高い代償を支払ったと感じることがあったら、同時に起きている恩恵を探して、自分の中心に戻ってください。

聖アウグスティヌスは、「バランスを保つことは神の意志である」と教えました。宇宙の意志は、あなたが常に2つの側面を経験することにあるのです。

## ワーク19　グレート・ディスカバリーを体験する

1．あなたの人生で、誰かにひどく批判されたり、けなされたりしたときのことを思い出してください。何が起きたか、あなたはどこにいたか、いつ起きたのか、誰があなたを批判したのかを書いてください。例「先週、授業があと少しで終わる頃、先生が……」

2. 頭の中で当時に戻って、次の質問に答えてください。誰があなたを尊敬し、元気づけようとしていましたか。批判を受けているあなたをサポートしてくれていた人は誰ですか。例「先生が私を怒鳴っているとき、親友を見ると……」

## 第13章のまとめ

⦿真の充実感は、宇宙の2面性を理解し、一方に偏った人生の結果を求めなくなったときに得られます。

⦿感情とは、出来事への一方に偏った感覚で、過去のことや未来のことに対して生じます。

⦿あなたは、支援と試練の境目で最も成長します。あなたが目標を持ち、夢を叶える道をたどるには、支援と試練の両方を必要とします。

⦿あなたは称賛されているだけでも、非難されているだけでもありません。常に愛されていることを知りましょう。

⦿あなたは人生を「楽なもの」にするために生きているのではありません。ミッションを成し遂げる責任を果たせるよう試練に立ち向かいながら、成長するために生きているのです。

**アファメーション**

▽「私は目的を追求するとき、人生の2面性を受け入れます」
▽「悲しみも喜びも、自分のミッションを成し遂げるためにあります」
▽「支援と試練の両方を受け入れるとき、私は最も力強くなります」
▽「愛とは正反対のもののバランスの中にあり、すべてのものは愛の現れです」

# 第14章 困難を乗り越えることでパワフルになる

「危機とは、危険な風に乗るチャンスのことである」
中国のことわざ

この章では、困難を乗り越えることでパワフルになった実例として、大学に入ったあとの私の話から始めさせてください。

大学入学後、私は学習障害に再び苦しみました。ある課目の単位取得のために、テストで72点以上を取る必要があったにもかかわらず、27点しか取ることができなかったのです。とてもショックを受けました。学習障害だとしてもこんな点を取るなんて……。私はひどく打ちのめされました。

車に乗り込むと、私は泣き出してしまいました。小学校の担任が言った言葉だけが思い出され、パワーをくれるアファメーションのことなどすっかり忘れていました。車を出してからも、家に着くまでハンドルに突っ伏して何度も泣いてしまい、そのたびに車を路肩に止めなくてはなりませんでした。その間ずっと、先生の声が頭の中に響き渡っていました。

家に着いてリビングルームに入っても、私は涙が止まりませんでした。自分のビジョンと目的を見失った私は、床に倒れこんで泣いていました。買い物から帰ってきた母親が、そんな私を見つけたのです。

「ジョン、何があったの。どこか悪いの？」

「母さん、僕はもうダメだ。テストで失敗した。やっぱり僕はダメな人間だったんだ」

母親は私の側にしゃがみこみ、両手を肩に乗せて、私の目をまっすぐに見つめました。このとき母親がかけてくれた言葉が、私の人生を変えてくれたのです。

「ジョン、あなたが夢に描くように偉大な教育者として世界中を飛び回るようになっても、またハワイで毎日サーフィンをする生活に戻っても、あるいは物乞いするホームレスになっても、お父さんとお母さんはずっとあなたを愛し続けることをわかってほしい。あなたが何をしようと関係ないのよ」

私はまた泣き崩れました。母親も涙を流していました。私は無意識のうちにこぶしを固く握り締めていました。目を閉じると、ポール・ブラッグに出会った夜に見えたのと同じビジョン、バルコニーに立って大勢の人に向かって話をする自分の姿が見えたのです。私は自分に誓いました。

僕はちゃんと本を読めるようになる！　勉強もしっかりする！　教えること、ヒーリング、哲学、話し方をマスターする。どんなことをしてもやり遂げてみせる！　たとえ気が遠くなるような道のりでも、たとえどんな犠牲を払うことになっても、僕は夢を叶える。誰も、僕自身も、僕を止めることはできない。

いろんな考えが頭をよぎり、私は何とも言いようのない感覚に包まれました。私はこの地上に存在するいかなる困難をもものともしない、力強いビジョンが見えたのです。

私は母親を抱き締めてから、自分の部屋に向かいました。そして辞書を手に取り、最初のページを開いて読み始めました。途中で意味のわからないことが出てきても、やめずに読み続けました。そして、その日から1日に新しい言葉を30個覚えるという目標を立て、毎晩母親に問題を出してもらうようにしました。語彙を増やすための勉強を続けることで、大いなる自信が生まれ、本を読むための理解力と記憶力を身につけたのです。

このように困難を乗り越えた私自身の体験から、どんな人でも最大の障害を乗り越え、すばらしいことを成し遂げる潜在能力を持っていると私は確信しています。誰もこの私の確信を覆すことなどできません。自分の最高の価値観に同調して人生で本当にやりたいことを見出したときには、困難を克服しようとするゆるぎない決断や能力が生まれるのです。

## 最大の困難が最大の成果を生み出す

興味深いことに、世界的に名高い科学者やスポーツ選手、哲学者、そのほかの有名人には、子供の頃に養子に出されたとか、孤児だったという境遇の人が多くいます。また、世界の大富豪の中には、生まれたときは極めて貧困だった人がいます。周りから見るとどうにもならない状況に思えますが、この困難な状況こそが、不遇から立ち上がるための内なる力を育んだのです。

あなたの最大の困難や障害はすべて、実は、ミッションと共に生きる人生を切り開くために必要なものだと言えます。昔、身につけてしまった思い込みを打ち破るなら、あなたは過去から解放され、自分の夢を実現することができるでしょう。

### ワーク20　人生最大の困難を確認する

1. 今まででいちばん困難だった経験を書いてください。これまでのあなたにとって、何がいちばん大変なことでしたか？　例「片親で育ったことがいちばん大変な体験でした」

2. 価値観の優先順位のトップ3を書いてください。
3. その体験のおかげで、自分の大切なことを実現することができたと思うことを、10個書いてください。例「私は人とコミュニケーションをとる方法を学びました。若いときに家を出て自分で稼ぐ自立するようになり、人を頼らなくなりました。若いときに家を出て自分で稼ぐようになりました」

## 人生最大の困難を克服して、ミッションを生きる

最大の困難として現れるものは、実は克服するように運命づけられたものと言えます。あなたの人生に登場する人物、場所、物、考え、出来事などの中で、感謝できないものは、人生という旅の重荷になります。しかし、**最大の困難だと若い頃に思ったものは、しばしば夢や願望を叶える原動力になるのです。**一見、試練と思えるものに感謝することができれば、その試練は情熱が生まれるところへとあなたを導いてくれます。

困難や挫折によってあなたの価値観が生み出され、現在のあなた、そして未来のあなたが形作られるのです。どんな困難があっても、それが夢の実現にどのように貢献をしてくれるだろうかと問うことによって、感謝できるようになるでしょう。

## 第14章のまとめ

⦿落ち込んだ経験があればあるほど、あなたは高みに上ることができます。

⦿大きな困難はすばらしい成果を生み出します。歴史に残る多くの成功者は、夢を叶える原動力を生み出すための不利な状況を経験しています。

⦿あなたにとって最大の困難な経験は、まさに克服するように運命づけられたもので、意義ある人生を送る鍵となります。

**アファメーション**

▽「私は、危機の中でも、その恩恵がわかります」
▽「人生における困難はすべて、より大きな成果を生み出す原動力です」
▽「私は、落ち込む経験をすればするほど、高みに上ることができます」
▽「私は、いかなる困難があってもひるむことはありません」

# 第15章 人生の総合計画を立てる

「人は概論で考えようとするが、実際には細部を生きている」
アルフレッド・ノース・ホワイトヘッド（数学者）

好きな自分になっていい、好きなことをしていい、好きなものを手に入れてもいいと思うことで、エネルギーがわいてきます。人生の7つの領域に関して、細かいところまで計画を立てておけば、目標を達成して夢を叶えやすくなるのです。おろそかにした部分は、ほかの人に影響されてしまいます。あなたが人生で出くわす障害は、あなたがビジョンを描く際に曖昧《あいまい》にした部分にかかわってくることが多いのです。人生において、起こりうる障害とその解決法を頭に描いておくことで、それぞれの人生の領域でどう生きたいのかが明確になります。

人生の達人は、自分のビジョンが形になる前から、そのビジョンを信じています。どう生きたいのかを時間をかけて考え、はっきりとしたビジョンを描くことがとても重要です。人生計画がより明確であればあるほど、目標を達成する方法もはっきりと見えてくるのです。事前にすべての障害を確認することができれば、それに備えることができます。ビジョンと直感と感情を書き出し、行動のために必要な時間を具体的に割り出すなら、目標を達成するための行動へと強い意志を持って踏み出せるでしょう。

## ワーク21　人生の総合計画を立てる

パソコンか手書きで、人生の総合計画を立てていきましょう。じっくりと時間をかけて、自分が望む人生の７つの領域の姿を細かく正確に書き出しましょう。そして立てた計画は常に少しずつ手直ししていってください。

**心と精神の領域**

1. 精神の領域で何になりたいですか。例「世界に名の知られた教育者と医師になりたいです」
2. それを実現するために何をしたいですか。例「いろんな治療を学ぶこと、専門教育を修了すること、診療所を開くこと、人々を治療すること、自分の仕事について本を書くこと、人に教えることがしたいです」

3．それをすることで何を手に入れたいですか。例「人間の体についての幅広い知識、すばらしい治療の成果、経済的な自由、世界に通用するステータスを手に入れたいです」

**知性の領域**

1．知性の領域で何になりたいですか。例「地政学の専門家になりたいです」

2．それを実現するために何をしたいですか。例「外国に行って、現場で経験を積みたいです。また、一流の国際的な大学で学びたいです」

3．それをすることで何を手に入れたいですか。例「自分の専門知識を認められたいです。また、国際的な会議の場で自分の理論を発表する機会を手にしたいです」

**ビジネスの領域**

1．ビジネスの領域で何になりたいですか。例「一流のダンシングチームでトップダンサーになりたいです」

2．それを実現するために何をしたいですか。例「まず自分の地域で才能を伸ばし、若手のバックダンサーとして活躍してから、一流のダンシングチームに入団したいです」
3. それをすることで何を手に入れたいですか。例「観客の熱烈な拍手喝采、自分のために振り付けされたダンス曲、自分と同じようにダンスに魅了されたパートナーを手に入れたいです」

**お金の領域**

1. お金の領域で何になりたいですか。例「ジョン・テンプルトン卿のように、利益の9割を寄付するような慈善家になりたいです」
2. それを実現するために何をしたいですか。例「投資の原理を習得したいです」
3. それをすることで何を手に入れたいですか。例「10億ドル以上の投資金を手に入れたいです」

**家族の領域**

1. 家族の領域で何になりたいですか。例「愛情深い配偶者、そして子供を持つ父親になりたいです」

2. それを実現するために何をしたいですか。例「少なくとも1日に3時間は子供のために使いたいです。また、家族を海外旅行に連れていきたいです」
3. それをすることで何を手に入れたいですか。例「妻と心を通わす有意義な時間を手に入れたいです」

**社会・人間関係の領域**

1. 社会・人間関係の領域で何になりたいですか。例「ソーシャルネットワークの達人になりたいです」
2. それを実現するために何をしたいですか。例「ネットワークに熟達し、ボランティアのような活動に参加して、興味深い人と出会いたいです」
3. それをすることで何を手に入れたいですか。例「世界に影響を与える有力者とのつながりや、記憶に残るような多くのわくわくする体験を手に入れたいです」

**身体の領域**

1. 身体の領域で何になりたいですか。例「美しく、健康的なランナーになりたいです」

2. それを実現するために何をしたいですか。例「1週間に4時間、トレーニングがしたいです」
3. それをすることで何を手に入れたいですか。例「いきいきと活動できるエネルギーと強さを手に入れたいです」

人生計画を立てたり、書き直したりしていくときに、簡単に質問に答えられる領域とそうでない領域があることに気づくことでしょう。優先順位の上位にある領域では、思い描く人生がはっきりしているため、質問に答えやすいのです。その一方で、あなたにとって価値の低い領域に関しては、答えを出すのに苦労するかもしれません。しかし、このワークを途中で投げ出したりしないでください。すべての領域をきちんと計画することによって、力強く夢を追いかけていくことができるのです。

計画を立てることが面倒だと感じる領域があれば、それをあなたの最高の価値観にリンクさせてみましょう。そうすることで、ミッションを生きる中でその領域が受け持つ役割が見えてきます。

## 現実的な目標を立てる

自分にとって小さすぎる目標を立てると、あなたはすぐに飽きてしまい、逆に大きすぎる目標を立てると、達成する前に疲れ果ててしまいます。適度な期間を設定して意義のある現実的な目標を立てるようにしましょう。本来の自分に立ち返って目標を立てるなら、自分の望む結果を生み出す力が引き出されることを思い出してください。

戦略的な計画を立てるなら、目標の達成はより現実的なものになります。最終的な目標にたどり着くまでのひとつひとつのステップに、どれだけの時間とエネルギーを費やせばいいのかがわかり、目標から目を離さずにすみます。

### ワーク22　目標を少しずつ小さな塊に分ける

大きくて難しいプロジェクトや目標を、扱いやすい大きさに分けてから、それぞれの最高の価値観とつなげることは賢明なやり方です。どこから始めてどこへ向かえばいいのかがわかるようになるので、プレッシャーを感じずに集中できるようになります。

例えば、あなたが知り得たすばらしい知恵を世界中の人たちと分かち合うために、

250ページぐらいの本を書くという目標を立てたとしましょう。その目標を次のように小さな塊に分けることができます。

1．本の中で伝えたいと思うことを、優先順位の高いものから順に10個挙げます。
2．話を展開させる順番に並べて番号を振ります。これが章になります。
3．それぞれの章について、話を深めるためのトピックを7つ考えます。その7つをいちばん流れがよく、筋が通るように並べます。これは章を構成するおおまかなアウトラインとなります。
4．7つのトピックに対して、さらにそれを補う7つの要素を挙げます。これには実例、個人的な経験、引用、推論、説明、大衆文化や書籍に対する言及などが含まれます。
5．ここからようやく書き始めます。まず、1章の最初のトピックで伝えたいことを7つの文で書き表します。次に、4．で挙げた7つの補助的要素ごとにそれぞれ段落を作っていきます。1つの段落は、4～7つの文で構成するようにしましょう。2番目以降のトピックについても同じことを繰り返していきます。
6．こうして、章、トピック、そしてそれを補う要素のすべてを書き終えたら、最初の原稿が完成します。

このように1つのプロジェクトをいくつかに分けていくことで、簡単に結果が出せるようになり、目標の達成を現実的なものとすることができます。そして、期限までに成し遂げられないかもしれないというプレッシャーから解放されるのです。

## 自分の望むように人生を創造する

人生の7つの領域でのビジョンを描くときには、10年先の自分を想像して、そのとき自分は何をしていたいかと考えましょう。あなたが真のインスピレーションを感じることは何でしょうか。自分が望んでいる人生を正確に思い描いて、心の目で見たイメージを書きましょう。将来の人生計画は、もうすでにそんな生活を送っているようかのように立ててください。計画の中で書かれたことがすべて、あなたにとって意義のあることか確認しましょう。

この計画を基にして目標を立てることが可能ですが、その目標をどう実現させていくか、また、確実に正しい方向に進むために、途中の過程を含めて書き出すことが必要です。

私は、40年近く自分の総合計画を常に練り直ししていて、7つの領域すべてにおいてどんな人生にしたいのかという詳細を書いたファイルを数冊持っています。人生の総合計画を立て直したおかげで、多くの目標を達成することができました。これからもそれは将来に向けた目標を成し遂げていくのにとても役立つと私は確信しています。

## 第15章のまとめ

◉人生の中で、自分がなりたい、したい、手に入れたいものを自分に許可するなら、新しい活力が生まれます。

◉人生の達人は、自分のビジョンが形になるずっと前から、そのビジョンを信じています。

◉人生の総合計画の中で細かく描けなかった部分は、夢を実現させていく途中で障害となって現れることがあります。

◉目標について詳しく述べるなら、その目標は現実的なものになります。

◉人生の総合計画は、自分の望む人生を創造していくのに最も優れた道具となります。

**アファメーション**

▽「私は、現実的で、意義があり、やる気がわいてくるのを感じる目標を立てます」
▽「私は、自分の最高の価値観とぴったり重なる目標を掲げる達人です」
▽「私は、事細かく、人生を計画します」
▽「私は、大きな課題を小さく分けて、扱いやすくします」

# 第16章 自分の望みを形にしていく方法

「夢を叶える秘密を知る人間に、手の届かない高みがあるとは、私にはどうしても信じられない」
ウォルト・ディズニー

どのようにして自分の夢を実現してきたかということを、私は30年以上世界中の多くの人たちに伝えてきました。そして今度は、あなたにお伝えする番です。好きなことをはっきりさせて夢を実現させていくためのいくつかの鍵を検証していきましょう。

## 創り出したいものに意識を向ける

自分がなりたいもの、自分がしたいこと、自分が手に入れたいものに気持ちを集中させることは、とても重要です。夢を実現させる方法を紹介するプログラム『ザ・シークレット』の中で伝えたことですが、心の内側を支配している考えが、外側の実質的な形を作ります。つまり、心でいつも思っていることが人生を決めるのです。

人は常に何かしら考えているのですから、どうすれば最高の価値観に合わせて生きられるかを意識的に考えるといいでしょう。あなたにとって最も大切なことや、現実のものにしたいと思うことだけを考えましょう。自分にとって価値の低いことは、時には、それを誰かに任せるとか、最高の価値観にリンクさせないかぎり、それはまるで巨石のようにあなたが進む道を瞬時にふさいでしまいます。

目標が最高の価値観と重なり、成し遂げたいと思うことが真の自分の思いを反映しているなら、あなたは自然とその目標に意識を向けるようになります。与えられる試練や、ありのままの自分、周りの人たちに感謝ができるようになると、人生の7つの領域で望むものを手に入れられるようになります。「考えること」と「感謝すること」が形になっていくのです。

## 創り出したいものを心に描く

人生の目的を実現している自分の姿を心に描きましょう。できれば、1日に3回は心に描いてください。ビジョンを鮮明にするために、7つの領域で好きなことをしている自分を思い浮かべてください。そのわくわくするビジョンに意識を向ければ向けるほど、はっきりと描けば描くほどそれが現実のものになる可能性は高まります。ビジョンを心の目でしっかり捉え、望む結果を出している自分の姿を事細かく描ければ、現実化が進みます。疑いや困難など、人生で直面する問題ではなく、自分が望んでいる結果を思い描くようにしましょう。

## 創り出したいものを言葉にする

あなたが口にするすべての言葉は、影響力を持っています。同じ言葉を何度も繰り返すとき、それが自分に向けたものでも、他人に向けたものでも、その言葉はあなたの一部になるのです。あなたはその言葉を信じるようになります。言葉が持つものすごいパワーを感じてください。

本書では各章の終わりに「アファメーション」を設けてありますので、ぜひ声に出して読んでください。この本に載っているアファメーションをそのまま使ってもいいですし、それを自分に合うように書き直したり、まったく新しいものを作ってもいいでしょう。大切なのは、あなたのビジョンとその実現を確信させてくれる言葉を選ぶことです。**アファメーションは必ず現在進行形で表して、あなたの最高の価値観に合わせた内容にしましょう。**私を信じてください。声に出して言葉を口にするようになってから、私の人生は大きく変わったのですから。

## 創り出したいものを感じる

最高の価値観を体現していこうとするとき、あなたはいきいきしてきて、活力がわき、目標を達成するための力がついてきます。パワフルな状態になったあなたは、自分の人生だけでなく、周りの人たちにも影響を与えていくことになります。

夢を叶えるのに役立つ感覚が4つあります。その4つの感覚は、あなたが内なる知恵に耳を傾け、自分の最高の価値観に同調するときに生まれます。それは次のとおりです。

### 1．感謝

感謝とは心を通して周りの人たちに真の自分という光を放つことです。そして自分自身と周りの人、世界を心から評価していくことを意味します。自分が持っているものに感謝するなら、望むものはもっと与えられ、人生を変えていくことができます。

### 2．無条件の愛

無条件の愛とは、心が開かれていて、自分自身やほかの人を変えようとしないものです。ありのままの人生と宇宙に満足しています。心と魂のレベルで、落ち着いていて、現在に集中し、パワフルで、忍耐強い状態です。

### 3. インスピレーション

インスピレーションは、自分の最高の価値観に従って生きているときに現れます。自分にとって大切なことを成し遂げようと集中すれば、意義のある人生が送れないということはまずありえません。あなたがインスピレーションを感じて、自分のしていることが好きになるなら、自然と人はあなたに惹かれて寄ってくるようになります。

### 4. 情熱

すべての人は、情熱のある人からのサービスを受けたいと思い、また、そういった人とつきあいたいと思います。情熱は人を引きつけ、あなたがかかわる社会集団、職場、家族などにすばらしい影響を及ぼします。

あなたがこれら４つの感覚を抱くとき、心と体が調和して、自分の望む結果を引き寄せたり、生み出したりする力が強くなります。

１日を通して４つの感覚に気持ちを向けるなら、何もあなたの夢を止めることなどできないのです。

## 創り出したいものを書きだす

人生の総合計画を立てるときに、人生で欲しいものを実際に紙に書くことは、とても重要です。それによって心を固めることができるからです。

ミッションについて明らかになったことの詳細を書き足したり、書き直したりして、計画を更新しましょう。書くことによって考えがまとまるので、実践的な計画を立てることが可能になります。

## 創り出したいものに向けて行動する

人は独自の価値観の優先順位を通して世界を見て、出会った人や場所やものごとをそれによって判断します。あなたが一方に偏ったものの見方をするとき、自分を取り巻く環境に対して感情的な反応をするようになりますが、バランスのとれた状態にいるなら、インスピレーションに従って行動するようになります。感情に従って行動するよりも、インスピレーションに従って行動するほうがパワフルになれますし、混乱に秩序をもたらすことができます。

毎朝、静かに心を見つめる時間をつくってください。しっかり心の声を聞いてください。そして、その日に実行することを、優先順位の高いものから7つ挙げてください。それを書きとめて、重要なことから順番に実践していきます。

人生の質の高さは、行動の質と量に基づくのはもちろんのこと、質の高い問いかけを自分自身にしていくことで決まります。毎日、人生で成し遂げたいことを、自分に問いかけ、それを実践していきましょう。

## 創り出したいものを物質化する

一部の神学の専門家や科学者は、知的な思考や創造的なアイデアが、宇宙における物質を生み出すと信じています。つまり、触れることができて目に見えるものすべては、それを望んだ意図がもたらしたものだということです。現在、物質としての形を持つすべてのものは、形のない、触れることのできない非物質的な要素をその根底に携えています。私たちはその対象に意識を向けて、実際に行動して、形あるものにしていくのです。

宇宙は、あなたがどう人生を生きたいのかというはっきりした考えを持つまで、じっと待っているのです。無限の可能性に向けて心を開きましょう。あなたが経験したいことはすべて、現在の時点で手に入れることができます。あなたが夢見るものはすべて最良の形で現実化するという内なる確信を持って生きましょう。

## 創り出したものにエネルギーを吹き込む

宇宙においてエネルギーは、誰にでも、どんなものにも、無限に与えられているものです。あなたは呼吸するときに横隔膜によって捉えたエネルギーを、創造的な行動や思考へと変換します。深く息を吸い込むと、生命のエネルギーが満たされます。

考えてみてください。肉体に宿る生命は、呼吸することから始まり、呼吸を止めて終わるのです。あなたが受け取ったり、変換したり、生み出したりするエネルギーの質と量は、あなたの呼吸パターンを反映しています。呼吸に乱れが生じると、心も乱れます。心に乱れが生じると、呼吸も乱れます。偏った呼吸をすると心が乱れて、過去や未来のことに気を取られるようになります。バランスのとれた呼吸では、心のバランスも保たれて現在に集中するようになり、心と体に力がみなぎるのです。

呼吸のパターンは1日を通して変化します。例えば、優先順位の高い行動と低い行動をしているとき、試練よりも支援を多く感じるときと、逆に支援よりも試練を強く感じるときでは、呼吸は変わります。息を長く吸い込み、短く吐く場合は、目が覚めて、興奮しますが、息を短く吸い、長く吐き出す場合は眠くなり落ちつきますが、気持ちが落ち込んでしまうこともあります。しかし、均一に呼吸するなら、あなたは、しっかりと現在に身を置いてバランスを保ち、最もパワフルな状態でいられるのです。

## ワーク23　呼吸のバランスをとる

1. 静かに座っていられる場所を見つけて、そこに座り、落ち着いてください。
2. 7つ数えながら、鼻から息を吸い込みます。
3. 楽な状態で息を止めて、7つ数えます。
4. 7つ数えながら、鼻から息を出します。
5. 楽な状態で息を止めて、7つ数えます。
6. 呼吸のバランスが自然にとれるまで繰り返してください（少なくても7セットは繰り返しましょう）。

ここで大事なことは、ふだん7秒未満の短いサイクルで行っている呼吸を、7秒以上の長いサイクルに置き換えていくということです。息を吸い込む長さと吐き出す長さは同じにします。バランスのとれた呼吸をすることによって、現在に集中するようになり、目的を達成するために優先順位の高い行動がとれるようになります。

## 第16章のまとめ

◉最もインスピレーションを感じるものに、自分の考えとビジョンに集中しましょう。

◉好きなことを創造する助けとなる4つの感覚である、「感謝」「無条件の愛」「インスピレーション」「情熱」に意識を向けて、その感覚をさらに強めましょう。

◉宇宙は、あなたが積極的に自らの人生の目的を生きることを待っています。

◉自分の持っているものに感謝すれば、感謝するものをもっと手に入れることになります。

◉あなたは、すばらしい人生を創り上げるのに値する人です。

**アファメーション**

▽「私が考え、感謝することは、何でも実現します」
▽「私は、最もインスピレーションを感じるものに値します」
▽「私は、呼吸のバランスをとり、大好きなことを実行していきます」
▽「私は、優先順位の高い行動に集中します」

# 第4部

# リーダーとしての資質に目覚める

*Embrace your leadership.*

# 第17章 高い視点でビジョンを描く

「麻痺という感覚は、大きな問題によって引き起こされるのではなく、小さい目的しか持たないことで生まれる」
ノーマン・カズンズ（ジャーナリスト）

あなたが人の意見に左右されずに、内なる声を聞き、宇宙のかなたから見渡すような高い視点でビジョンを明確に描けば、あなたは自分の人生の主人公になることができます。

もし、あなたが自分自身に変化をもたらしたいなら、ビジョンは少なくとも家族にまで広げてください。そして、もしも家族に変化をもたらしたいと考えるなら、少なくとも地域まで、地域を変えたいと思うなら、市のレベルまでビジョンを広げることが必要です。さらに市に変革をもたらしたいと考えるなら、州にまで視野を広げ、国に影響を与えたいと思っているなら、世界規模のビジョンを持つ必要があります。そして、世界に影響を与え、永遠に語りつがれるものを残そうと思うなら、宇宙から世界を見るような高い視点のビジョンが必要になるのです。

## ビジョンとは何か

内なる自己は絶えず、影響力、知性、洞察力、インスピレーションを追い求めます。不滅の魂は、今あなたがいるところを超えて、高い視点で見た人生のビジョンへといざなうのです。それは次の世代に伝えていくためのビジョンなのかもしれません。望む人生に気持ちを集中させて、イマジネーションを働かせれば、ビジョンが生まれます。したいこと、つきあいたい人、追求したいもの、そして、変化をもたらしたいことを、ビジョンとして描いてください。

果てしなく広がるビジョンは、あなたの最高の価値観そのものです。あなたの内なる思考がビジョンという形で現われ、あなたはそのビジョンを感じ、ビジョンについて話し、ビジョンを夢見て、意識的に、また無意識に、毎日心の目で見ていることでしょう。そのビジョンは、あなたにとって最も大切なことを反映していて、あなた独自の人生の目的と広大なビジョンが見えたとき、感謝とインスピレーションの涙が溢れてきます。

そのビジョンで見えたあなたが、本当のあなたです。それは心の奥底から浮かび上がってくるものです。あなたが真の自分に触れるとき、活力がわきあがり、目的に到達していくことができるでしょう。

## 大きなビジョンが持つ力

大きなビジョンは驚異的な力を持っていて、それがはっきり見えた瞬間から、すばらしいことが起きるようになります。

ビジョンが持つ力についての例を、私の経験から挙げましょう。1982年の初秋、私はヒューストンで比較宗教学と哲学を学んでいて、『The Tree of Life』（生命の樹）という本について勉強していました。ある晩、遅くまで読書をしていたときのことです。午前2時頃に、72巻あるヴェーダの教本の1冊を読み終えたところで瞑想に入りました。心を落ち着かせて、内なる声に耳を澄ませたとき、すばらしいビジョンが見えて、短いメッセージが聞こえたのです。「みんなが世界中からやってきた」と。

見えたビジョンは、2054年のことでした。私の教えを学ぶために世界中のすべての国から何千人もの人たちがやってきて、私のセミナーに参加していました。私はそのときに、包括的で進化したカリキュラムのビジョンが見えたのですが、それは生徒の知性を高め、存在するすべての根底にある隠れた宇宙の秩序を明らかにするものでした。そのビジョンが見えたあと、私はそのカリキュラムをライフワークとして世に提供するため、5時間かけて300コースの講座の概要を作成しました。ビジョンを明確に捉えて、それをすべて書きとめたので、その夜に感じたパワーを、私はいつでも思い出すことができます。

数週間後、私は初めてのクラスを開きましたが、その参加者の27人は、私の最初の「知恵ある生徒」にふさわしい意識の高い人たちでした。このグループには、医師、神学者、芸術家、音楽家、化学者、物理学者、起業家などがいました。最初の授業で、3時間の誘導瞑想を行い、部屋の中の私たちがいる場所から、果てしなく広がるマクロな世界へと飛び、それから、ミクロな宇宙である素粒子の世界を旅しました。

明確なビジョンを得てから、私は自分の人生をどのように生きて、最終的に何を追求していきたいかというインスピレーションを毎日のように受け取っています。私は長い間、継続的に自分の能力と影響力を高めて、活動の場を広げてきました。今では60カ国以上で教え、134カ国以上の国の人にメッセージを届けています。今、あのとき私の心の目で見たことは、すでに実現しているか、実現しつつあるかのどちらかです。私は、心にあるものを人々と分かち合うことを自分のミッションとしていて、あの夜にもたらされたビジョンとメッセージに忠実に従っています。

今のあなたを取り巻く環境や状況を超越する壮大なビジョンの力を過少評価しないでください。外からの意見よりも、内側で感じる声とビジョンのほうが、ずっと深遠ですし、それがあなたをあなたの人生の主人公たらしめるのです。今日、私がすばらしい人生を送るのにビジョンが大いに役立っています。あなたにも同じことが言えるのです。

## ビジョンは日々の生活を支えてくれる

私は、「確信を持っている人がゲームを支配する」とよく言います。ビジョンを明確にすることは、この「確信」を10倍も強めてくれます。あなたが最終的に成し遂げたいことについて宇宙的な大きなビジョンを持つならば、あなたにとって、世界はすばらしいことが経験できる自分の遊び場となるでしょう。

宇宙的なビジョンがあれば、今までの自分の生き方を大きく見直すことになり、困難を次々に乗り越えていけます。あなたが周りに与える変化や影響力も大きくなり、周りの人とのかかわり方も変わるので、あなたは今までとは異なる次元の会話をするようになります。そして、あなたのビジョンをさらに広げるような役割を果たす人とかかわっていくでしょう。

そして、より多くのチャンスを引き寄せられます。自分の好きなことを追求していくことで、あなたの目的意識、存在感、そして感謝の気持ちはより大きくなります。自分にとって最も大切なことに向かうようになり、自分自身の捉え方が永遠に変わっていきます。自分の心に正直になれば、人生の目的を成し遂げる道を進み、目標を大きく持ち、最も叶えたい夢を実現していくことでしょう。

宇宙的な視野をしっかりと持てば、それはもう未来にあるのではなく、「今ここ」で起こっていると気づくでしょう。それがあなたのミッションであり、あなたはそれを成し遂げるために生を受けたのです。

## ビジョンを叶えていくための道

ご存じのとおり、私は17歳のときから、世界的に偉大な教育者と哲学者になるという夢を追ってきました。大学に通っている頃から教え始め、専門学校時代にはほとんど毎日のようにクラスを持っていました。それ以来、決して歩みを止めることはありませんでした。

私はビジョンの規模を大きくしていきました。まず地域から市のレベルへ、次に州、そして国へと大きくして、今では一年中、世界中で教えるようになりました。ですから、「大きなビジョンを持っているからといって、それだけで世界に影響を与えることなどできない」とは、これっぽっちも思いません。世界の偉人たちが、ビジョンの力を通してすばらしい伝説を残していることを思い出しましょう。

あなた自身の宇宙的視野のビジョンを詳細まではっきりと描き、不運や困難に見える多くの出来事の中にいても、平常心を保ってください。自分と人を思いやり、自分の心の声に従いましょう。

20年ほど前、サンディエゴ近郊に住んでいた頃、１９３７年にパラマハンサ・ヨガナンダが設立したセルフ・リアリゼーション・フェローシップセンターを訪れる機会がありました。ヨガナンダは、マハトマ・ガンジーを教えた人物で、呼吸法や瞑想のやり方など、さまざまなことを人々に伝えた神秘主義者です。私はセンターを訪れたとき、そこを運営している年配の女性と話しました。彼女は、ヨガナンダの経歴を話し、彼が世界中に何百という寺院やセンターを建てたと教えてくれました。いったいどうやってそこまで成し遂げられたのかと聞くと、彼女はこう言いました。

「ヨガナンダに会うと、誰でもヨガナンダの存在に引きつけられるのです。私もそうでした。誰もが彼の持つビジョンとインスピレーションに引きつけられます。彼の人生の目的は本当に明確でした。なので、人々は彼のビジョンに参加したいと思うのです。あらゆる階層の人がやってきて、何かしらの貢献を申し出ました。時間、お金……。みんな何らかの形でヨガナンダのビジョンに参加して、そのビジョンを実現させるのに役に立とうとしたのです」

ヨガナンダは自分のビジョンに忠実に生きていて、いつもそのエネルギーに満ち溢れていたと言います。あなたのビジョンがどのようなものであったとしても、自分のビジョンを見出したときには、あなたもヨガナンダのような力を手に入れるでしょう。そして、その力は、どんどん大きくなり、目的を追求して成果をあげるための大きな後押しをしてくれるでしょう。

## ビジョンがあれば発展する

時としてビジョンが曖昧になり、人生の目標を見失ってしまうことがあっても、それは一時的に停滞期に入っているにすぎません。成果を出すために何かしようという意欲を失ってしまったり、人生の目的がわからなくなってしまったりしたときこそ、自分が行っていることの真の意味を思い出してみましょう。

このとき、**あなたの直観的なひらめきに勝るものはない**、ということを忘れないでください。内なる心の声に耳をふさぎ、外からの力に支配されて行動するようになると、生きがいを感じられなくなります。劣等感からほかの人の価値観を取り入れようとはせずに、あなたが持っている本来の価値観に従うようにしてください。あなたの天賦の才を解き放てばいいのです。心の奥底を見つめ、高い次元の視点を取り戻してください。さあ、何が見えますか。あなたが本当にしたいこととは？　あなたがやり遂げたいと強く感じることはなんでしょうか。

私は以前、メディア界のある大物に、どのような方法で世界規模のビジネス帝国を築いたのか、と聞いたことがあります。彼は答えました。

「イメージの中で宇宙から地球を見下ろし、両手の中で地球が回るのを眺めながら、『今日はどの国に、どんなメッセージを届けようか』といつも自分の心に聞いていたよ」

ここで大事なポイントは、**人はしたいことをしていこうとするとき、周りに対する大きな影**

**響力を持つことができる**ということです。あなたの人生で起きることはすべて、あなたと世界が豊かになるために、そして多くの人たちに影響を与えるために起こっているのだと思ってください。そして、ビジョンはできるだけ細かいところまではっきりと心に描いてください。

世界に大きな影響を与えるようなビジョンを具体的に心に描くことで、目標を達成できる可能性が高まります。どれだけ自分の心の声をしっかりと聞き、どれだけきちんと周りの人たちにそれを伝え、そしてどれだけ人々に影響を与えたかであなたのビジョンが実現するかどうかが決まります。感銘を受けた人々は、あなたの元に集まり、あなたがビジョンを実現するのを助けてくれるでしょう。ビジョンのない人は消えていき、ビジョンをしっかり持っている人は成功します。

怖れを抱いたり、罪悪感にとらわれたりしないように気をつけましょう。怖れや罪悪感があると、世の中に貢献することはできません。心のバランスをとって、いらない感情を手放しましょう。これまであなたがしてきたことや、してこなかったことをしっかりと見つめましょう。感情が不安定な状態では、すばらしい人生を送ることは不可能です。心の奥に秘めた真の自分を表に出し、自分自身を解放していっていいのです。無限大の夢を持っていいのです。これから果たそうとすることに対して、制限などしないでください。あなたは壮大な仕事を成し遂げるために、今ここにいるのですから。

## 第17章のまとめ

◉宇宙から世界を眺めるような高い視点を持つことは、豊かな人生を送る鍵となります。

◉心が真に求めているものは、より大きなビジョンです。

◉ビジョンが曖昧になり、生きる目的を失ったと感じるときは、長い人生におけるつかの間の停滞期です。そこを打ち破れば、さらに遠くまで見渡せる視野が得られるでしょう。

◉高い次元からものごとを見れば、あらゆる困難を克服することができ、人生はより有意義なものとなります。

◉本来のあなたにとって、人生の可能性は無限です。

**アファメーション**

**▽「私は宇宙から世界を眺めるような高い次元の視点を持ちます。そして心から望む人生を送ります」**
**▽「私は世界全体を見渡しながら、私自身に与えられた使命を見出します」**
**▽「私は、すばらしい人生のビジョンを心に描きます」**
**▽「私はタカのような鋭い洞察力を持ち、広い世界を見渡します」**

# 第18章 時間的視野を広げる

「最高の人生の送り方は、自分が消えたあとも残るものに時間を費やすことである」

ウィリアム・ジェームズ（哲学者）

エリオット・ジャックスは『Requisite Organization』（組織の必須条件）という本の中で、会社の基礎部分を支える単純な事務作業をする人は、１時間から１日ごとの単位でものごとを考えることを示しました。そして、そのような仕事をする部下を持ち、監督する立場の人は、１日から１週間ごとの視点を持つそうです。またその人たちを管理する立場の人になると、１週間から１カ月、またその上の立場にある中間管理職では、１カ月から１年の長さに、もっと上の管理職では、１年、さらに５年後のことを考えます。最後に、会社の最高経営責任者になると、７、８年から10年ごとの期間を想定してものごとを考えると言われています。

時間枠が広がると責任の重さも増しますが、ビジョンも同様に大きくなります。時間的視野とは、いつそれがなされるかという未来の視点を指し示すものです。目先の欲求を超えて将来を見据えるようになると、視野が広がります。組織のトップに立つ人は次のような言い方をします。

「次世代に向けてこの方向を目指していれば、われわれのマーケットシェアは拡大する」

**トップに立つような人たちには、大きなビジョンを長期的に追求するための忍耐力があります。**

人は壮大なビジョンを描くとき、長い目でものごとを見ます。賢人は、心の声を聞き、魂の目的に従います。あなたも自分の心に従い、数百年先の未来を視野に入れた目標を立ててみてはいかがでしょうか。ビジネスで大成功を収めている起業家、例えば、リチャード・ブランソンなどは、すでに次の1000年を視野に入れてものごとを考えています。彼は、地球にとどまらず、地球を取り巻く太陽系全体を視野に入れた計画を構築しているというのです！　まさにこれこそがビジョンを持つ人がすることだと言えます。あなたも自分の中にあるビジョンを生み出す力を引き出して、自分のミッションを追求していきましょう。

## 時間枠が成果を決める

あなたの持っている時間枠が、あなたの創り出すものと成し遂げることのスケールを決めます。意識レベルが上がれば、時間軸の中で目標も広がります。子供の頃は、１時間ごとや1日ごとの視点しかなく、１週間がとてつもなく長く感じます。成長するに従い、１週間の単位でものごとを考えるようになり、やがて1カ月の時間的視点を持つようになります。大人になると、１カ月ごとや1年ごと、さらに長い時間枠を持ちます。あなたは今から5年後の目標をはっきりと見ることができますか。10年後はどうですか。50年後なら？　１００年後は？　５００年後では？

人は、自分の現在持っている時間的枠で、目標を見ています。目標が最高の価値観に沿うようになれば、それを成し遂げる可能性は高まり、時間枠も広がります。そして目標を実現すればするほど、意識のレベルは上がっていき、自信がついてきます。ものごとを考える時間枠が長ければ長いほど、あなたの成熟度は増すと言えます。自分の目標を立てるときには、まずは今、自分の持っている時間枠の中で考えましょう。そうすることで目標を達成する可能性が高くなります。しかし、それと同時に、それぞれの目標をもっと長い期間で見てください。そうすれば自分のミッションについて思いを巡らせることができるようになるのです。

## 時間枠を広げることで生まれる力

あなたが時間的視野を広げれば、ふだんの生活で起きる出来事に対して、バランスのくずれた感情を持つことが少なくなり、忍耐強く、落ち着いて自分の内側にあるビジョンに沿っていけるようになります。例えば、半日ぐらいのピクニックを計画するなら、その中でうまくいかないことが数秒ほどあっても、特に動揺はしないでしょう。でも、わずか1時間くらいのスペシャルディナーを計画するなら、すべてのひとときを完璧にしようとするプレッシャーから、あなたは小さな問題にもピリピリしてしまうのです。

先を見通すことができる人は、数年先のこと、10年先のこと、さらに1世代、1世紀、そして1000年先のことを考えています。心の奥底からわきあがる長期的な目標に向き合うのと、即座に得られる満足感ばかりを求めているのでは、もたらされる感覚が異なります。

何年も前に私がポール・ブラッグに教わったことは、人はみな人生でやりたいことを持っていて、それが何であるかわかったら、自分のためだけではなく、家族や地域、市や州、そして、国や世界のためのことを考え、少なくとも100年以上の時間枠で目標を立てることが大切だということです。私は、40年近く、ビジョンを持ちながら生きていますが、1972年に自分のビジョンが明確になったときと同じように、今日でもインスピレーションを受け続けています。

人生の目的を明らかにして、100年後を見据えた目標を設定するなら、その実現は確実なものになるでしょう。あなたは、今いるところよりもずっと先のことを考えるようになり、日々の小さな課題にとらわれることも、目的を達成するまでに生じる変化に動じることもなくなるのです。あなたの感情は非常に安定したものになり、あなたを本来の道からそらすことは、誰にもできなくなります。あなたの不滅のビジョンを、生命の限りあるものに決して邪魔させないでください。

時間的視野を広げるうちに、あなたはかつて尊敬していた権威ある人物を超えるようにもなるでしょう。18歳ぐらいまでは、両親がこの超えるべき人物でしょう。18歳から24歳なら、大学の教授だと考えられます。最終的にあなたにとって権威者となるのは、雇用主や、市や州や国のリーダーや、あるいは世界的指導者かもしれません。もしあなたが時間枠を広げ、壮大なことをする許可を自分に与えるなら、これらの異なるレベルの権威者を次々と超えていくことができます。こう考えてください。**あなたは世界に対する責任を、あなたが権威だと思う人と同じだけ持っているのです。**自然の法則と宇宙の知恵に対してだけ謙虚に従えばいいのです。

## 第18章のまとめ

⦿あなたが持つ空間的、時間的視野の大きさにより、あなたが達成する意識のレベルが決まります。

⦿1年後、5年後、10年後、20年後、50年後、100年後、さらにもっと先を見据えて目標を立てれば、望む人生を創り出す必要なパワーが増大します。

⦿年をとるほど空間と時間の視野は広がり、権威とあがめられている人を超えて、世界に大きな影響を与えるようになります。

⦿より多くの目標を達成するなら、意識レベルは高くなり、より確かな自信が身につきます。

⦿大きなビジョンを描くときに、魂は限界を設けませんが、身体の感覚と現実の間違った認識が限界を設けます。

⦿歴史に足跡と不滅の遺産を残すために、自分の価値を十分に高めて目標を設けましょう。

⦿望みを高く持ち、すばらしい人生を送る許可を自分に与えましょう。

### アファメーション

▽「私は短期的、中期的、長期的、そして永遠の目標を持ちます」
▽「私は自分のすばらしさを発揮し、世界に不滅の遺産を残す許可を自分に与えます」
▽「私は最高の価値観に沿った目標を持っているので、私の時間枠は広がり続けます」
▽「私はビジョンを持っていて、出会う人たちの人生に影響を与えます」

# 第19章 リーダーになりたいのか／フォロワーでいいのか

「リーダーシップとは、未来のビジョンを明らかにし、そのビジョンを広げて、自分自身の立場を他人に示す能力である」
エドウィン・H・フリードマン（ユダヤ教のラビ）

いつの時代にも、周りと異なる独特の優れた視点を持ち、大半の人々が想像もつかないような可能性やチャンスに気がつく人たちがいました。このような革新的な視点を持つ人々は、その時代の伝統を揺るがし、文化的、社会的通念に挑んできました。最初は抵抗を受けますが、彼らの掲げたビジョンは最終的には誰の目にも明らかな真理となり、人々は彼らに従うようになりました。歴史上の偉業はこのような形で成し遂げられてきたのです。

このような際立ったビジョンを持つ人は、概して人とうまくやっていくタイプではなく、はっきりとした意見を言ったり、ほかの人とは異なる行動をしたりしてわが道を行くような人たちでした。**リーダーとは問題をチャンスと捉える人たちです。**おそらく彼らは宇宙の神秘をひもときたいか、答えの出ていない問題や、誰もが疑問にさえ思わないことを解明したいのでしょう。そのようなことに取り組むことで彼らは欠落を感じ、その欠落が価値観を生み出し、その価値観を彼らは追い求めたのです。

本物の指導者は固有のビジョンを持っています。不滅の空間的、時間的視野を持ったパイオニアです。彼らは夢を叶えるために、また、世界に大きな影響を与えるために、この世界に生まれたことを知っています。私は長年、偉人たちに関する本を読んで、偉大なリーダーに共通する7つの主な特質を明らかにすることができました。そのひとつひとつを詳しくここで見ていきましょう。

## 1．人生の目的とビジョンがはっきりしている

はっきりした人生の目的やビジョンを持っているということは、望む人生を創り出すために自らの能力を活用しているという証拠です。世界を変えた人々は、自分の人生の目的をはっきり持ち続けました。彼らは自らの使命を心に刻みつけ、強い思いを持って、あらゆる障害を乗り越えてきたのです。

もしビジョンが周りを取り巻く課題よりも小さく、曖昧ならば、外側の力に負けて、圧倒されてしまいます。人生の総合計画の中ではっきりしない部分は、ほかの人や別の何かに左右されてしまうことを思い出してください。パワフルなリーダーたちは、自らの運命をほかの人たちに任せたりしません。彼らは新しい時代の流れと理想をつくりながら人生を変えていく、大胆な開拓者です。リーダーとしての自分の役割を受け入れるために、自分のビジョンを毎日詳細に視覚化し、確認していきましょう。

## 2. 自分の役割に対する確信を持ち続けている

偉大なリーダーは、世の中における自分の役割について確信を持っています。すべての人がすばらしい人生を追求するために、それぞれが持つ才能を活用する権利があると信じているので、その実現のために奉仕しているのです。リーダーたちは目標の実現を後押ししてくれる知識の豊富な人を引きつけながら、世の中をいろんな形で向上させようと誠心誠意尽くしています。高い視点から、自分の役割を見ているのです。

## 3. 一貫した目標を持ち、威厳がある

リーダーは、自分たちの最高の価値観に合わせた目標を立て、秩序と調和を体現しています。

その一貫性ゆえに、彼らの存在は認められて、人々は彼らに引きつけられます。それは植物が太陽に向かって育つのと同じで、人は生命を維持してくれるパワフルな輝きに自然と引き寄せられるのです。自分の最高の価値観に従って生きている人からは、風格がにじみ出ます。そしてその風格は、言葉だけではなく、最高の価値観に一致したビジョンに沿った生き方からにじみ出るものです。

## 4．チャレンジをしている

自分の内側にあるリーダーとしての特質に目覚めると、支援を手に入れようとするだけでなく、解決すべき問題を見つけ出し、それを解決することによって学び、成長しようとします。困難に直面してもくじけずに、向上心を持って取り組み、課題を克服し、目的を果たそうとするのです。

数多くの欠落を埋めたり、重要な問いの答えを導き出したり、難解なパズルを解読したり、不可解な謎を解決したりすることで、パワフルなリーダーシップを手に入れることができます。また、支援と試練、その両方を受けるからこそ、多くの知恵を手に入れ、リーダーの中のリーダーとして多くの人に貢献ができるようになります。どんな障害がやってきても怖れることはありません。

## 5．既存の枠におさまっていない

リーダーは、心に描いたビジョンに集中しています。ビジョンこそがリーダーを導く真理です。ビジョンはあなたの存在理由を具体化したものです。人生の総合計画に従って行動し、停滞した状況や他人の決めた愚かなルールなどは打ち破ってください。現行の基準やしきたりに縛られて、夢を追うのをやめないでください。以前にもいいましたが、私は、自分の心の声に背くよりも、全世界に反対されるほうがましだと思っています。**リーダーは他人の価値観を尊重しながらも、それに振り回されることなく、自分の人生の目的を追求していきます。**

## 6．自分の時間を大切にしている

リーダーは、時間を大切にしています。ものごとを新しく始める人たちは、1分1秒を大切にしているのです。1日のスケジュールを決めて、優先順位の高い活動をしてください。利己の欲求と、人のために役立ちたいという利他の欲求のバランスをとりましょう。そうすることで目標がより明確になり、ミッションを追求し続けることができます。一時的に生じる停滞を打ち破って、人生の総合計画にどんどん手を加えていきましょう。リーダーは問いかけの中に生きて、答えを見出し、そして問題を解決していきます。人生の目的を追求するために、上手な時間管理を心がけ、自分の時間を大切にしてください。

## 7．自分の中のリーダーシップを認めている

リーダーの最後の特質としては、自分の中のリーダーシップを認めているということです。内なるリーダーシップに気づき、真の自分になる勇気を奮い起こしましょう。これまでに経験してきたことや、起こっていることなどは問題ではありません。今、あなたが自分の中にあるリーダーシップを活かすと心に決めることが、最も大切なのです。自分本来の価値観をこれから尊重していくと腹をくくれば、人生の目的に向かって動こうとするあなたを誰も制止することなどできません。

鏡の前で自分自身を見つめ、自分が持つすべての面に敬意を払い、愛してください。そうすることで初めて、周りの人に大きな影響を与えていくことができます。自分に敬意や愛を持てない人を誰が愛するでしょうか。自分の夢に確信がない人に誰がついていくでしょうか。自分自身と共にいたいと思わない人の側に、誰もいたいとは思いません。

外側の世界は、あなたの内側の世界で起きることの反映です。あなたが自分自身を大切にすれば、周りの人もあなたを大切にします。あなたがいきいきと人生を送っているなら、その様子は周りの人にも伝わります。自分に投資するなら、周りの人もあなたに投資し、あなたが自分のために最初にお金を使うなら、周りの人も最初にあなたにお金を使ってくれるでしょう。自分のビジョンと人生の目的を有意義な方法ではっきりと述べることができれば、あなたの元

には絶好のチャンスがやってきます。

リーダーはほかの人に従ったり、自分以外の誰かになろうとしたりなどしません。自分自身を受け入れて、自分の最高の価値観に忠実になることが、最も大切なことなのです。バランスのとれた精神と開かれた心を持つからこそ得られる内なるメッセージに従って、世界に変化をもたらしてください。

**自分の中にあるリーダーの素質を否定しない**

今まで述べた７つのリーダーシップの特質を、これから毎日の生活の中に取り入れるようにしてください。すごいと感じる人に引け目を感じることなく、その人を乗り越えていくことで敬意を表しましょう。**あなたはどんなレベルのリーダーにもなれます。それにはまず自分の内なるリーダーシップを認めなければなりません。**

毎日好きなことをしていくためだけに、朝、目を覚ましてください。リーダーは自分の人生の目的を果たすためなら、必要なことは何でもし、いかに遠くても足を運び、どんな対価も払います。

インスピレーションを得たふり、熱心に夢を追いかけているふり、世界に奉仕を提供しているふりなどはできません。ガンジーは我が身を人民ではなく、真理に捧げるとはっきり断言しました。彼は言いました。「真理は私の神だ」と。神が左へ行けと言えば、ガンジーは左へ行き、人々が彼についていてくればそれをありがたいと感じ、人々がついてこなくても、それはそれで仕方がないと理解を示しました。

ガンジーが何百万人もの人々を導けたのは、人々のために貢献するというミッションそのものに誠実だったからです。私も彼のように自分独自のミッションに身を捧げ、探求し、ものを書き、旅をし、そして人間の行動にかかわる宇宙の法則について毎日話をしています。好きなことをしているので、誰かに朝、起こされる必要はありません。ここ数年、年400回以上のスピーチを行っていますが、できればもっとやりたいと思っています。私の目標の1つは、毎年の自分の記録を破ることです。

あなたも自分の内側にあるリーダーシップを、決して否定しないでください。

## 第19章のまとめ

⦿いつの時代にも、人とは異なる優れた視点を持ったリーダーがいて、彼らは自分の考え方を世に知らしめる勇気を持っていました。

⦿本物のリーダーは、明確な人生の目的とビジョンと運命を持ち、世の中に対する自分の位置づけをはっきりとわかっています。彼らは一貫性を持って目標を定め、真っ向から課題に取り組み、現行の因習に逆らう強い意志を持っています。

⦿優先順位を考えて、1日のスケジュールを立てるのと立てないのでは、1日の作業量に大きな差が出ます。

⦿あなたの心の中にはパワフルでインスピレーションに溢れたリーダーシップが埋もれています。今こそ自分のリーダーシップを解き放ってください。

**アファメーション**

▽「私は人生の2面性を受け入れて、ビジョンに集中します」

▽「私はインスピレーションを得たパワフルなリーダーで、ビジョンに沿って人生を送ります」

▽「私は本来の自分になる勇気を持っています」

▽「私はミッションと共に生き、世の中に影響を与えます」

# 第20章 リーダーに必要な5つの「S」を知る

「あなたの行動に刺激を受けた人が、もっと夢を広げ、もっと学び、もっと多くのことをするようになり、より大きな人間になるなら、あなたはリーダーである」
ジョン・クインシー・アダムス（第6代アメリカ合衆国大統領）

前の章でリーダーの特質をお話ししましたが、それらを日々の活動の中で発揮するにはどうすればよいでしょうか。私が出した結論として、Sで始まる5つの要素にたどり着きました。これから述べるその5つの要素を意識していけば、人生の主人公となり、出会うすべての人に対して、すばらしいリーダーシップを発揮することになるでしょう。

## 1. 貢献（Service）

リーダーに必要な最初のSは、Service（貢献）です。世界に向けた独自の貢献を明確にすることが大切です。内なるリーダーシップを目覚めさせるために、貢献しようとすることを細かいところまで心に描いて、そのビジョンからインスピレーションを得てください。

好きなことをしながら、どんなふうに世の中に貢献していくのかと聞かれたときに、具体的に答えられないようなら、あなたのビジョンは曖昧で、インスピレーションをまだ得ていないということです。貢献によって築かれるものを知ることはとても大切です。優れたリーダーは、自分に本当に大切なもの、自分の最高の価値観に合うものがわかっています。外側の世界の意見ではなく内側の声に従い、自分自身と自分が好きなものに誠実であってください。

感謝の涙は貢献の本質を伝えてくれるものです。あなたのすることが本物かどうかを、心が教えてくれます。時間をとって深く考え、自分の追求したいことを見出すことに価値があります。自分が誰であるか、そして自分が何をするべきか、心の中で明確になっていることが人生の夢を叶える決め手になるのです。

## 2. 専門知識（Specialized Knowledge）

次のSは自分の分野の専門知識（Specialized Knowledge）です。自分の専門知識を深めることは、リーダーになるための大切な要素です。積極的に時間を費やして学びたいものを学ぶことは、目標の達成に大きな影響を与えます。インスピレーションを最も強く感じる分野の専門知識を高めることに専念して、誰よりもその分野に詳しくなってください。これは人に委任する方法を身につけることや、自分が必要とするさまざまな分野の専門家で脇を固めることも含みます。

1日30分間、特定のテーマについて学ぶと、7年後にはその分野のリーダーになれるということを知っていますか。このことは実証されていて、私もいろんな分野でリーダーとなってきました。もしも1日1時間勉強するとしたら、4年以下でその道のエキスパートになれます。そして、1日3時間勉強するならば、2年もたたないうちにその分野の最先端に立つようになります。あなたが好きなことについて多くを知るようになると、それを周りに向けて発信できるようになるのです。

積極的に学べば学ぶほど、まるで金属が磁石に引かれるように、学んでいるテーマに関することが引き寄せられてきます。これは私がまだカイロプラクティショナーとして働いていた頃に気づいたことです。セミナーに行き、背中の痛みについて学んだときは、背中の痛みを抱えた患者の予約が入りました。頭痛について学ぶと、今度は頭痛で困っている人から電話がかかってきました。そして心疾患について学んだときは、心臓に問題をかかえている患者が予約リストに載るようになったのです。絶好のタイミングで、その当時に自分が集中しているテーマや患者が継続的に引き寄せられてきていました。あなたの内側を支配している考えが、あなたの外側で目に見える形になることを思い出してください。

優先順位の高い行動や考えに費やされないエネルギーは、優先順位の低いものに流れます。意識的に自分を高める努力をしないと、些細なことだけで毎日が占められてしまうでしょう。

私は少年の頃、隣に住むグラブス夫人から大変面白いことを教わりました。彼女は、私が庭の雑草を取っているところに来て、「花を植えなければ、永遠に雑草を取ることになる」と言ったのです。**毎日を好きなことに集中して過ごさなければ、好きではないことが人生の中にはびこってしまう**ということです。ですから、これを防ぐために、気持ちを集中させ、好きな分野のスキルを高めればいいのです。自信を持つことができれば、新たな機会が引き寄せられます。そのために専門知識をしっかり身につけてしまうことが大切なのです。

## 3. 話す (Speaking)

リーダーシップの3番目のSは、話す（Speaking）能力です。人前で話をすることの怖れを克服するだけで、全人類の中の上位20パーセントに入ります。つまり、世界に70億の人がいるとすれば、14億人の中にあなたは入るということです。人前に立ち、自分の心にあるものを伝えるという能力だけで、このポジションを獲得するのです。たいていの人ははっきりとものを言うことを怖れ、人生を通して自分を抑えて過ごします。しかし、この怖れを克服するなら、おのずと内なるリーダーシップが目を覚まします。

もし人前で話ができるようになり、観衆の心を動かし、人生を変える行動を起こそうという気持ちにさせることができるなら、その20パーセントの、さらに上位20パーセントのグループに入ります。そして、人にインスピレーションを与え、その人の本来の姿に気づかせるなら、今度はそのグループの上位20パーセントに入ることになります！　そして話を聞いた人に自分たちもメッセージを伝える立場になりたいと思わせるところまでくると、そのまた上位20パーセントの中に入ります。そのときには、あなたはパワフルで影響力のあるリーダーになっているでしょう。

話をする能力があれば、世の中に貢献できることが明確になるだけではなく、学んだことを心を開いて人々に伝えることができるようになり、あなたの言葉を聞きたいと思う人々を引きつけるすばらしいカリスマ性が生まれるでしょう。揺らぐことのない本来の自分に戻って、人々を感動させる言葉を発するようになるのです。

ミッションを担う人は伝えるべきメッセージを持っています。それを自分自身の中に見出せば、キャリアでも人間関係でも、お金の面でもうまくいき、豊かな人生を生きられます。自分のメッセージを人々に伝えたいと強く思えば、人々もそのメッセージを早く聞きたいと感じます。**話すこと、伝えることは、リーダーになる潜在能力を呼び覚ますのに不可欠なのです。**

### 4．売る（Selling）

リーダーになるために大切な次の要素は、売る（Selling）という行為です。なぜなら、この世界では製品にしてもメッセージにしても、誰かがほかの人に何かを売るまで何も始まらないからです。「売る」というのは、自分が感動したことを、ほかの人を感動させるやり方で伝えることです。あなたがほかの人々のことを気にかけて、人々が欲しいものを手に入れるための手助けをするなら、あなたは「売る」ことの達人になります。

自分がいいと思う何かを売ろうとし、それこそが世の中に対する自分の貢献だと心から感じるとき、専門知識を身につけ、効果的な言い方でそれを伝え、世界に大きな影響を与えるようになるでしょう。

### 5．貯める（Saving）

リーダーシップに必要な5番目で最後のSは、貯める（Saving）です。「貯める」というのは、稼いだお金の一部を取り置いて、経済的な危機に備え、自分の目標や市場に投資したりすることです。「貯める」ことで経済状態を安定させることができます。

集中力とエネルギーを自分が貢献することに注げば、すばらしい成果をあげることが可能になります。富はその価値が評価される場所に集まり、大きくなります。さらに、稼いだお金の一部を貯める習慣をつければ、経済的な自立を勝ち取る可能性が高まります。

今日から長期的な貯金をするための口座を設けて、少なくとも収入の10パーセントを自動振替するようにしましょう。そしてその一部を、成長が望める投資に回し、利息で生活費がまかなえるようにするのです。本書で学んだスキルを利用して富にまつわる罪悪感を解消すれば、あなたを妨害するものはなくなるのです。あなたは資金を増やし、社会への貢献を確立し、自分本来の道を歩くことができるのです。

次のように考えてください。もしもあなたの貯金がゼロだとしたら、あなたは貯金がゼロの人と友人になるでしょう。10ドルの貯金ができると10ドルの貯金を持つ人と友人になります。さらに100ドル貯まれば、友人も100ドルを持っている人になり、100万ドル貯めるなら、100万ドルを持っている人とつきあうことになるでしょう。お金を貯めて投資することは、自分を高く評価して最初に自分にお金を使うことなので、利息より大切なものを手に入れることになります。裕福で、奉仕精神の豊かな、斬新なアイデアを持つ人々と交流することで、自分の富を築くチャンスと、好きなことをするためのサポートを獲得していくのです。

お金を貯めることにリスクはありません。貯金しないことにリスクがあるのです。使命に貢献する自分にきちんと向き合わないと、最終的には燃え尽きてしまいます。あなたの人生において最も大切な人間はあなた自身です。ほかの誰かが朝早く起きて、あなたの人生に身を捧げることなどありません。それをしているのはあなただけです。

## リーダーに必要な５つの「Ｓ」を意識する

リーダーシップに必要な５つのＳを意識していくようになると、自分自身への認識が大きく変わり、人々との関係にも大きな変化がもたらされます。内なるリーダーシップの特質を強めれば強めるほど、周りの人々はあなたをリーダーとして認めるようになります。どんな分野であっても、すばらしいリーダーになるために必要なものを、もうすでにあなたは持っているのです。

## 第20章のまとめ

◉リーダーシップの5つのSは、貢献（Service）、専門知識（Specialized Knowledge）、話す（Speaking）、売る（Selling）、貯める（Saving）です。

◉真のリーダーシップの特質を強めれば強めるほど、周りの人々も世界も、あなたをその分野の達人であると認識します。

◉5つのリーダーシップの要素を人生に取り入れることは、あなたのミッションを力強くアシストしてくれます。

**アファメーション**

▽「私は、貢献のやり方を理解しています」

▽「私は、好きな分野の専門知識を身につけるために時間を費やします」

▽「私は、自分のメッセージを出会うすべての人に伝えます」

▽「私は、献身的なすばらしいリーダーです」

# 第21章 影響力について学ぶ

「腹をくくった、知恵ある少人数の人たちが世界を変えられないと思ってはいけない。実際に世界を変えてきたのはそんな人たちの集まりなのだ」

マーガレット・ミード（文化人類学者）

私たちが世界に与えている影響というのは、しばしば過小評価されがちです。しかし、いったんあなたが目標に向かって行動を始めると、メッセージを地球上のすべての人に伝えたいという気持ちと、ビジョンを通して人々にもっと貢献したいという気持ちが強くなります。自分の提供する製品やサービスやアイデアが多くの人たちの人生を大きく変えることに気づけば、もっとやる気が出てきて、さらに大きな影響を生み出したいと思うでしょう。

そして、そのミッションの包括する範囲は最終的には全世界にまで広がります。自分の好きなことをして、していることが好きで、それによって金銭的な報酬を得ているなら、自分の行動がほかの人にどんな影響を与えているか、そしてその人たちの人生の質をどのように向上させているかということを注意深く観察しましょう。自分の貢献を発展させればさせるほど、より多くの人に影響を与えていき、あなたの心も開かれていきます。

私は以前、アメリカ各地に何百件という住宅を建てている、コロラド州デンバーにある建設会社の社長のコンサルタントを受け持ったことがあります。そのとき私は、その社長と一緒に彼の会社が世の中にどんな影響を与えているかを探りました。建設材料から仕上がった家までのすべての段階について話し、建築に必要な資材を提供しているほかの国の人々のことまで考えました。建設に使う金属や石などの材料がどのように採取され、どのように精製されて現場で使われる形になるのかを考えたのです。そして、スレートや、大理石、花こう岩などを買うことによって、地球の反対側でたくさんの人々に仕事を与えていることに気がつきました。

そこで、私たちはもう一歩深く間接的な影響まで考えました。その会社の仕事があるからこそ、建築材料を提供している人たちの子供が学校に通え、子供たちが学校に行けるからこそ、その地域の学校の先生にも仕事があると話し合いました。このように話を次々と進めていくと、彼はふと黙り込んでしまい、ひと言「すごいな」とつぶやきました。自分が毎日していることがどれほど膨大な数の人々に影響を与えているかという大きな絵が見えて、圧倒されてしまったのです。

あなたは世界中の何万人、何百万人という人の人生にどんな変化を与えているのでしょうか。高い目的を持ち、大きな絵を描くなら、ビジョンは強化され、インスピレーションがもっとわきあがってくるでしょう。

## 自分の仕事の影響力を知る

私の父親はヒューストンで高級住宅地向けの配管工事会社を経営していました。私が5歳ぐらいのときのことです。当時、私は配管工になろうと思っていましたし、職人の仕事を見るのは大好きでした。ある日、私を仕事場に連れていく手はずを整えていた父が言いました。

「ジェシーと一緒に仕事場に行って、手伝いをしてきてくれ。すごくためになるぞ」

ジェシーは30代の、水道管の溝を掘る職人で、幼い少年と仕事に行くのを楽しんでいるようでした。私たちは車で依頼主の家に行き、新しい水道管を取り付ける作業を始めました。ジェシーはT型レンチを使って、庭の勾配をさぐったり、地面の下にある木の根っこや石などの障害物を探り当てたりしていました。そして溝を掘る予定の場所に印をつけていきました。

ジェシーは私にも仕事をくれました。掘る予定の地面に水をまかせて、石だらけのところより、柔らかい地面のほうが掘りやすいからと、地中の様子を調べさせたのです。それから、ジェシーはこれから掘ろうとする場所のすぐ脇に防水シートと段ボールを敷き詰めて、芝生の中に土が入ってしまわないように、掘った土をその上に乗せました。それから効率よく溝を掘るために、水がどれぐらい地中深くまで染み込んでいるかを確認しました。正確な溝を掘るために細心の注意を払いながら、草や木の根、花なども作業によって傷つけないようにしていました。そして、溝の中に土を入れてサイドを埋め、パイプが完璧な勾配になるように調整しました。これはパイプの継ぎ手をなるべく少なくして、サビやしみを防ぐためでした。注意深く水道管を設置したあとは、土をかけて、防水シートと段ボールを回収して庭を掃除しました。

これはすべて20、30年たっても、水道管が問題なく使えるようにするためだとジェシーは説明しました。帰宅した何人もの依頼主からまだ工事の担当者が来ていないという電話がよくかかってきましたが、それはジェシーがあまりにも見事に仕事を終わらせるので、昼間のうちに庭ですべての作業を終わっているとは誰も思わなかったからです。

父が私をジェシーと一緒に仕事に行かせたかった理由は、彼がこの道の達人だったからです。水がなければどの家庭も機能しないとわかっていて、彼は世の中から頼りにされていると感じていました。彼の仕事は人々を水という資源に確実に届けることでした。彼は私に言いました。「私がしていることは、コミュニティーと人をつなげること。なくてはならない重要な仕事だ」。

ジェシーは自分の仕事の影響力を理解していました。彼は一見、取るに足らないと思えるような毎日の仕事が、世の中に大きな波紋を広げていることを知っていました。彼はさびや化学物質が混ざらないきれいな水を提供する責任を感じて、世間の固定観念にとらわれることなく、プライドを持って、質の高い仕事を提供し、人々に一種の感動を与えていました。ジェシーは家族を養うのと同じくらい、水道管のための溝を掘ることに生きがいを感じていたのです。

あなたが及ぼしている影響力に気づくと、あなたが持つミッションは予想もできない高みへとあなたを連れていくでしょう。

## ワーク24　自分の影響力を認識する

1. あなたがとった行動を思い浮かべます。例「友人に本をあげました」
2. その行動によって感動したり、影響を受けたりした人のことを書いてください。例「友人は本のメッセージに深く感動しました」
3. あなたの行動をきっかけに、感銘を受けた人が誰かにその感動を伝えようとしてとった行動を書いてください。例「友人は、その本を自分の母親に渡しました」
4. その行動がさらにもっと多くの人たちに伝わったことを書いてください。例「友人の母親が読書クラブの集まりに本を持っていき、本に書かれたメッセージを仲間と分かち合いました」
5. 同じ要領で続けてください。その行動はどのように、より多くの人にインスピレーションを与えていくでしょうか。例「読書クラブのメンバーは感動して、そのメッセージを自分の家族に伝えました。そのあと、メンバーの妻が、学校の先生で、次の日、彼女はその本を学校へ持っていき、生徒たちにメッセージを伝えました。そして……」。これを繰り返し、1つのシンプルな行動が終わりのない渦を巻いて大勢の人を感動させていく様子を実感し、影響力が無限に続くことを感じてください。

世の中にインパクトを与えるあなたの能力について疑問を抱く必要はありません。私は以前、自分には影響力なんかないと思い込んでいる8歳の少年とこのワークを行ったことがあります。彼に何かを買ったことはないかと尋ねると、前の日に母親から頼まれてせっけんを買いに行ったと言いました。

「本当に？　それはすごい！　誰がせっけんを売ってくれたの」

売ってくれたのはレジの女性で、その人は近所の小さなコンビニエンスストアのオーナーだとその少年は言いました。そこで私たちは、おそらくその女性には家族がいることを話し、彼女が卸売の人からせっけんを買わなければならないこと、そして、その卸売の人にも家族がいることを話しました。ではその人の雇い主はどうでしょう。会社は商品を売る人以外にも従業員が必要ですが、どれぐらいの人が、その会社で働いて生計を立てているでしょうか。しかし、このようなビジネスの話は少年にはまだピンとこなかったようです。

そこで私はせっけんの作り方を知っているかと尋ねました。彼は首を横に振りました。

「せっけんの原料はたくさんあってね。油やハーブやスパイスや香料など。世界中の人が原料を作っていて、それを混ぜ合わせて１つのせっけんができあがるんだよ」

「じゃあ、僕がせっけんを１つ買ったことで世界中の人を助けたことになるの？」

「そうさ！　そしてせっけんがどんなふうに紙で包装されるか知ってるかい？」

彼は意味を理解してすぐに答えました。

「誰かが包み紙に何かを書かなくちゃ。あと、せっけんの名前を考える人だっている！　紙の色を決めている人もいるし、紙を作る人だって必要だね」

「そのとおり。それから、紙が作られた場所からせっけんを包装する場所に紙を運ぶ人もいるし、せっけん工場からせっけんを包装する工場に運ぶ人もいる」

「あとさ、テレビのせっけんのコマーシャルに出てくる人がいて、そのコマーシャルを作る人がいて、コマーシャルのルールを決めている人がいて、それから……」

少年はすっかり理解しました。そして私たちは１時間近くせっけんの話で盛り上がりました。

あなたが行うすべてのこと、特に人生の目的にかかわることは、周りの人に影響を与えています。その効果に気づくときにあなたは畏敬の念に打たれるでしょう。時間をとって、自分が持つ影響力についてじっくり考えることはとても大切です。

## 世の中に手本を示す

あなた独自の価値観の優先順位を尊重して、最高の価値観に合わせた目標を立てるなら、**あなたは自分のミッションを生きるだけで世界中の人の心を動かす可能性が生まれます。**たとえ会社や組織の下部で働いていても、毎日の仕事を通して、直接的または間接的に、ほかの人々に大きな影響を与えています。あなたの心にある、何かすばらしいことをしたいという思いを大切にしてください。自分のすることに全身全霊を傾けて、自分の持つ影響を認識するとき、人生で望む場所にたどり着く可能性が自然と高まります。

他の人にとって代わることのできない存在になれば、あなたは世の中にとって欠くことのできない人になり、あなたの貢献が求められます。そして期待されている以上のことをしていけば、仕事にあぶれることはほとんどなくなります。インスピレーションを感じて、自分のすることをすべてあなたの最高の価値観にリンクさせて、人生の目的を受け入れ、あなたが触れるすべてのものに影響を与えてください。意味ある充実した生き方を通して人々にお手本を示してください。そうすれば、周りの人はあなたの存在に勇気づけられるでしょう。

自分がほかの人の人生にもたらしている影響を完全に理解すると、目標を成し遂げるための推進力は大きくなり、あなたはもっと豊かになり、もっと貢献したくなって、不滅の遺産を残すことになるでしょう。**立ち止まってあなたが世界に与えている影響のことをよく考え、ミッションを生きていくなかで、限りなく高い目標を掲げてください。**

## 第21章のまとめ

◉ミッションを生きることで世の中に大きな影響を与えることのできるというのに、たいていの人は自分の力を過小評価しています。

◉あなたの日々の活動が世の中の人にどう影響しているかを、時間をとって考えてみましょう。

◉「この行動は世の中にどんな波紋を広げるだろうか」と自分に問いかけましょう。自分の行うことが、周りの人やその人たちを超えて大きな影響を与えていると本当にわかるまで、この質問を続けましょう。

◉充実した人生を送ることのお手本を人々に示しましょう。そうすれば、周りの人はあなたのパワフルで愛に満ちた存在に勇気づけられるでしょう。

◉世の中に広がっていく波紋の中のあなたの役割を確認しましょう。

**アファメーション**

**▽「私の行動すべては、ほかの人の人生に大きな影響を与えます」**

**▽「私はミッションを生きて、世界にメッセージを届けます」**

**▽「私は世の中に影響を与えて、不滅の遺産を残します」**

**▽「私は与える影響が大きいことに気づき、自分のミッションを追い求めます」**

# おわりに

あなたはミッションを生きるためにここにいます。
すばらしい人生を見出し、
世の中に特別な変化をもたらし、
そして不滅の遺産を残すために、
ここにいるのです。

この世のいかなるものにも、
あなたが本来の道を行くのを邪魔させないでください。
自分の力を、
そして輝きを解き放ってください。

## 自分の価値観の優先順位

自分の中の価値観の優先順位がわかることで、あなたになって何が一番大切なのか、何を手に入れたいのか、何になりたいのかについて確信を持つことができます。P.58 で明らかになったあなたの価値観を以下に書き写してください。

| 5. | 4. | 3. | 2. | 1. |
|---|---|---|---|---|
| | | | | |

## ミッション・ステートメント

ミッション・ステートメントとは、自分の「人生の目的を書き出した文」のことです。作成することによって、自分にとって一番大切な価値観が明確になります。P.73のワークで作成した自分のミッション・ステートメントを以下に書き出してみましょう。

「私は

」

年　月　日

# 訳者あとがき

今から4年前の2008年の3月に、国立オリンピック記念青少年総合センターでの研修が終わり、私は参加者のみなさんとカフェでお茶を飲んでいました。

「『ザ・シークレット』にも出ている有名な人がここに来ていて、今から講演するみたいだよ」カフェにそんなざわめきが流れ、私も好奇心から会場に足を向けました。それがジョン・F・ディマティーニとの最初の出会いでした。それから4年後、こうやって翻訳のあとがきを書いているとは、夢にも思いませんでした。

ドクター・ディマティーニは、学習障害という診断、ホームレスや命を落としそうになった体験を経て、17歳で人生の鮮明なビジョンを得ました。そして、どんな対価を払おうとも、自分が知り得たことを人々に届けるというミッションを持ち、1年の300日以上世界を飛び回っているといいます。それゆえに、「世間から押し付けられた価値観を生きるのではなく、自分自身の価値観を生きるように」という言葉が、説得力をもって読む人の心に迫ってきます。

私たちにとっていちばん大切な「自分自身の価値観の優先順位」を明らかにする方法が、この本では大きく紹介されています。他の人や世間の考え方に囚われずに、自分が大切にしているものに気づき、それに基づいて人生を構築していくことが、結局は成功への近道だとドクター・ディマティーニは説きます。そして、それは、ただの理想論ではありません。そんな生き方を後押しするために、現在の仕事を自分の価値観に結び付けていく方法、好きなことをしてお金を稼ぐ方法、コミュニケーションの達人になる方法などを具体的な例をあげて本の中で紹介しています。

ドクター・ディマティーニの視点は、それだけでは収まりません。今までネガティブな出来事だと思っていたことが、実は完璧なバランスをもって恩恵をもたらしていること、視点の時間枠や高さを広げることによってより大きなものを達成できるようになること、誰もが自分の中にヒーロー性を持ち、リーダーとなり得ることがこの本の中で伝えられ、そのために必要なことが包括的にカバーされています。

私自身、この本から大きな気づきを得ました。実は自分がそんなに興味のないことに苦手意識を持ち、囚われていたことに気がつきました。翻訳を進めながらワークをしていくことで、自分の大切な価値観を再認識でき、解放された気分を感じるとともに、自信が強化され、集中していく分野が明確になりました。

また今回インタビューという形で、ドクター・ディマティーニと1時間ほど直接お話しする機会に恵まれ、ミッションを生きている彼のあり方にとても感銘を受けました。

「『ミッションと言われても……。自分は何をしたらいいかわからない。何をしたいかさえもわからない』　そういう声もよく聞かれますが……」とインタビューの中で聞く私に、「それはみんな自分に嘘をついています。みんな自分の心の中では、やりたいことをわかっています。ただ怖れているだけなのです」と断言するドクター・ディマティーニ。

「人は誰でもミッションを生きる権利があります。人生のミッションを生きることなど、多くの人は不可能だと思っていますが、実際は可能です。自分に許可すればいいだけです」

それを聞いてドングリのたとえを思い出した私が、「『すべてのドングリの中には、カシの大木が眠っている』　そんな感じでしょうか？」と確認すると、「まさにそのとおりです。ドングリの中にカシの大木が眠っているように、すべての人の中に、『もうすでにミッションを生きている姿』が確実に存在しているのです」とドクター・ディマティーニ。「毎日、人々の変容という奇跡に触れることのできる私の人生は本当に恵まれています」と目を輝かせて語ってくれました。

そんなインタビューの機会をアレンジしてくださったディマティーニ・メソッド日本普及協会の岩元貴久さんに心からお礼を申し上げます。また翻訳にあたり、日本映像翻訳アカデミー、アイ・エス・エス・インスティテュートのご助力をいただき、松田由美さん、神前珠生さん、佐布利江さんにご協力いただきました。読みやすさや分量などを考慮して、ダイヤモンド社編集部のほうで調整を加えていただきましたが、編集部の加藤貴恵さんとお仕事をさせていただいたことをとてもありがたく思っています。また、いつもいろんな形で支えていただいている多くの方に心から感謝を申し上げます。

「学習障害と診断され、テントの中で死にかけたホームレスのサーファーだった私にできたのだから、あなたにできないはずはありません」

誰に対しても心からそう信じているドクター・ディマティーニのまなざしを思い出しながら、このあとがきを書いています。

『ザ・ミッション』を読むことで、あなたはご自身のさらなる輝きを解き放たれていかれることでしょう。翻訳という形を通して、そのプロセスにかかわれたことを心から光栄に思っています。ぜひ、あなた自身の奇跡の物語を創り出していってください。

2012年2月

成瀬まゆみ

［著者］
**ドクター・ジョン・F・ディマティーニ**
人間行動学のスペシャリスト。国際的な教育者・講演家。世界的なベストセラー『ザ・シークレット』に登場し、「現代の哲人」と紹介された。小学生の頃、学習障害と診断され、一時はホームレス同然の生活をしていたが、自分のミッションに目覚め、心理学や哲学、天文学など275以上の分野の知識を身につける。その経験と知識を活かし、変容をうながす独自のメソッドを確立。著作は28の言語に翻訳出版され、年間300日以上世界中を飛び回り、どんなに困難な状況にあろうとも夢は実現すると多くの人を勇気づける日々を送っている。著書に『正負の法則』（東洋経済新報社）、『世界はバランスでできている』（フォレスト出版）などがある。

ディマティーニ・メソッド日本普及協会　http://www.japandma.com/

［訳者］
**成瀬まゆみ**
「自分らしく豊かに生きる」をテーマに翻訳、翻訳プロデュース、研修を行っている。コーチングやポジティブ心理学を応用して、カフェでのワークショップや多彩な人たちとのコラボイベント、企業研修を実施。明るい雰囲気の中で、一人ひとりを大切にしながら気づきをうながしていく研修スタイルには定評がある。他の翻訳書としてベストセラーとなった『ハーバードの人生を変える授業』（タル・ベン・シャハー著／大和書房）など。また、映画「幸せへのキセキ」の原作“We Bought a Zoo”も翻訳プロデュース。
公式ブログ：http://ameblo.jp/mayumi-naruse/
翻訳企画CANホームページ：http://www.canllp.com/

**ザ・ミッション　人生の目的の見つけ方**

2012年2月16日　第1刷発行
2013年3月7日　第3刷発行

著　者——ドクター・ジョン・F・ディマティーニ
訳　者——成瀬まゆみ
発行所——ダイヤモンド社
〒150-8409　東京都渋谷区神宮前6-12-17
http://www.diamond.co.jp/
電話／03·5778·7236（編集）03·5778·7240（販売）
装丁————轡田昭彦
本文デザイン·DTP—山中央
帯写真撮影—斉藤美春
製作進行——ダイヤモンド・グラフィック社
印刷・製本—ベクトル印刷
編集担当——加藤貴恵

©MAYUMI　NARUSE
ISBN 978-4-478-01644-2
落丁・乱丁本はお手数ですが小社営業局宛にお送りください。送料小社負担にてお取替えいたします。但し、古書店で購入されたものについてはお取替えできません。
無断転載・複製を禁ず
Printed in Japan

◆ダイヤモンド社の本◆

# 考え方さえ変えればお金は必要ない。世界No.1コーチであるアンソニー・ロビンズの「史上最年少トレーナー」

世界No.1コーチであるアンソニー・ロビンズの「史上最年少トレーナー」として活躍するピーター・セージ。22社の会社を経営し、1兆円ビジネスを手がける、ビジネス界の若き天才。その「世界初の著書」で語られる、自分を超える「5つの法則」とは？

## 自分を超える法

ピーター・セージ ［著］ 駒場美紀／相馬一進［翻訳］

●四六判並製●定価（本体1900円＋税）

http://www.diamond.co.jp/